Dieses Buch gehört:

_____

Sei lieb zu diesem Buch!

Ebenfalls lieferbar:

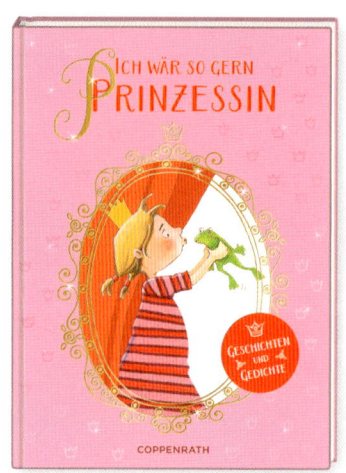

ISBN 978-3-649-62692-3

5 4 3 2 1   22 21 20 19 18

ISBN 978-3-649-62855-2

Covergestaltung und Satz: Christiane Leesker

© 2013, 2018 Coppenrath Verlag GmbH & Co. KG,
Hafenweg 30, 48155 Münster
Alle Rechte vorbehalten, auch auszugsweise

www.coppenrath.de

Schlaf gut ein
und träum was Schönes

Herausgegeben von Britta Kudla

Mit Illustrationen von Sophie Schmid

COPPENRATH

INHALTSVERZEICHNIS

ZUM EINSTIEG

Ich lese dir vor und du hörst mir zu.
Das mögen wir beide sehr gerne.
Der laute Tag geht leise zur Ruh.
Schon blinken die ersten Sterne.
Wir haben das Nachtlämpchen angemacht,
vergessen, was heute gewesen.
Du hast dein Lieblingsbuch mitgebracht.
Ich frage: „Was soll ich denn lesen?"
„Von der bösen Hexe", sagst du geschwind,
„von Drachen und Zauberinnen,
von Rotkäppchen und vom Sterntalerkind!"

Na, dann will ich mal gleich beginnen.
Schon kichert die Hexe im Knusperhaus
und der Drache spuckt lodernde Flammen.
Wir aber machen uns gar nichts daraus,
wir rücken nur enger zusammen.
Die Abendstunde vorm Schlafengehn
ist die beste Zeit für Geschichten,
in denen lauter Wunder geschehn.
Darauf wollen wir niemals verzichten!

Ingrid Uebe

9

Schlaf schön, Anton!

„Jetzt ist aber wirklich Schlafenszeit", sagt Mama.

„Ich bin kein bisschen müde", mault Anton.

„Dabei bist du doch schon so lange wach", meint Mama.

„Ich will aber noch nicht ins Bett", sagt Anton und verschränkt trotzig die Arme vor der Brust.

„Schau mal, selbst der kleinen Mücke vor deinem Fenster fallen schon die Augen zu. Bei ihrer Freundin, der Blume, macht sie sich's gemütlich", sagt Mama. „Möchtest du nicht auch gern einmal in einer Blume schlafen?"

„Nein, das wäre mir zu wackelig", sagt Anton.

„Und was ist mit einem kleinen Känguru?", fragt Mama. „Wenn es müde wird, dann schläft es in Mamas Beutel."

„Aber da ist es doch stockfinster!", ruft Anton.

„Verstehe", nickt Mama. „Wärst du lieber ein kleiner Affe? Oben im Baum sitzt er auf einem Ast. Und wenn er müde ist, schließt er einfach die Augen. Das ist doch spannend, findest du nicht?"

„Mir wäre das viel zu hoch", sagt Anton.

„Und ein kleines Schwein?", fragt Mama. „Gerade hat es sich noch im Matsch gesuhlt und jetzt gähnt es schon und kuschelt sich tief ins Stroh."

„Aber das pikst doch!", kichert Anton.

„Stimmt, dein Bett ist weicher!", lacht Mama. „Du könntest auch andersherum schlafen, mit dem Kopf nach unten – wie eine kleine Fledermaus."

„Nein", sagt Anton, „da wird mir bestimmt komisch."

„Hm", überlegt Mama, „wenn dir mit dem Kopf nach unten komisch
wird, dann schläfst du vielleicht besser im Stehen – wie die Pferde."

„Und dann falle ich um und bin wieder wach", sagt Anton.

„Das geht natürlich nicht", gibt Mama zu.

„Außerdem ist es hier viel zu warm zum Schlafen", murrt Anton.

„Wenn das so ist", meint Mama, „dann kannst du ja schlafen wie die
kleinen Eisbären: im hohen Norden mitten in Eis und Schnee."

„Aber ich hab doch keinen Pelz!", ruft Anton. „Das wäre viel zu kalt!"

„Ohne deine warme Bettdecke bestimmt!", lacht Mama.

„Ich habe Durst", sagt Anton und gähnt.

„Wenn du ein kleiner Fisch wärst, hättest du immer etwas zu trinken",
sagt Mama. „Der schläft nämlich im Wasser."

„Dann sehe ich am nächsten Morgen so schrumpelig aus, als hätte ich
die ganze Nacht in der Badewanne gelegen!", gluckst Anton.

„Vielleicht bist du in Wahrheit kein Kind, sondern
ein kleiner Goldhamster", überlegt Mama und runzelt
die Stirn. „Der ist die ganze Nacht über wach und schläft
dafür am Tag."
„Das will ich nicht", sagt Anton. Müde reibt er sich die Augen. „Dann
kann ich ja nicht mehr in den Kindergarten gehen."
„Wenn du in den Kindergarten möchtest", stimmt Mama zu, „dann
musst du nachts schlafen. Sonst bist du am Morgen nicht ausgeruht."
„Ja", sagt Anton und lässt seinen Kopf auf das Kissen sinken.
„In deinem eigenen Bett schläfst du wohl doch am besten", überlegt
Mama. Sie streichelt Anton zärtlich über die Wange. „Es ist trocken und
sicher."
„Und ganz warm und weich", murmelt Anton.
Dann fallen ihm die Augen zu.
„Schlaf schön, Anton", flüstert Mama und löscht das Licht.

Heidemarie Brosche

Sechshundertsiebenundachtzig Schafe

Es war einmal ein Schäfer, der zog mit seiner Schafherde über Land, von einem Dorf zum andern. Bei Tag weideten die Schafe auf den Bauernwiesen das Gras ab, und der Schäfer ging langsam hinterher und gab acht, dass die Tiere brav beisammenblieben.

Von Zeit zu Zeit stopfte er sich eine Pfeife und blies schöne blaue Rauchkringel in die Luft. Zu Mittag trieb er die Herde an einen Wassergraben oder einen Weiher zur Tränke. Dann zog er aus seiner ledernen Hirtentasche ein Stück Schwarzbrot und je nachdem einen Zipfel Pfefferwurst, ein paar Scheiben Speck oder einen Käse. Wenn er gegessen hatte, trank er aus der Feldflasche zwei Schluck Kümmel, breitete an einer windgeschützten Stelle den Mantel aus, legte sich darauf und hielt in aller Seelenruhe ein Mittagsschläfchen. Das konnte er sich ohne Weiteres leisten, denn er hatte ja zwei Hunde bei der Herde, den Treff und den Treibauf, die in der Zwischenzeit dafür sorgten, dass keins von seinen sechshundertsiebenundachtzig Schafen verloren ging. Ja, sechshundertsiebenundachtzig Schafe hatte der Schäfer damals und das ist eine ganze Menge.

Nach dem Mittagsschlaf zog der Schäfer mit seiner Herde weiter. Oft begegneten sie stundenlang keinem Menschen. Aber manchmal kamen sie unterwegs an die Landstraße, und dann mussten alle Fußgänger und Radfahrer, aber auch die Bauern auf ihren Leiterwagen und Zugmaschinen, die Frachter mit den schweren Lastzügen, die Omnibusse, die Personenwagen und sogar die feinen Herrschaften in den funkel-

nagelneuen Zweisitzern warten, bis der Schäfer mit seinen Hunden und allen sechshundertsiebenundachtzig Schafen die Landstraße überquert hatte.

Da wurden die Leute oft ungeduldig und riefen dem Schäfer zu: „Mann Gottes, geht das nicht ein bisschen schneller? Du hast wohl sehr viel Zeit?"

Dann nickte der Schäfer freundlich und blies ein paar besonders schöne Rauchkringel in die Luft, denn er hatte wirklich sehr viel Zeit und konnte sich gar nicht erklären, weshalb sich die fremden Leute darüber aufregten.

Eines Tages aber geschah etwas Sonderbares. Da kam der Schäfer mit seiner Herde eines Nachmittags unversehens an einen Bach. Der Bach war nicht übermäßig breit, aber so reißend und tief, dass die Schafe ihn nicht durchwaten konnten.

„Da müssen wir eben eine Brücke suchen", brummte der Schäfer.

Er zog eine volle Stunde am Bach entlang, es wurde schon dämmrig,

aber von einer Brücke war nichts zu sehen. Endlich fand er am Ufer ein altes Brett. Das mochte wohl jemand vergessen haben.

„Sieh da", sagte der Schäfer, „da hätten wir ja, was wir brauchen!"

Er legte das Brett über den Bach und nun konnte er mit seinen sechshundertsiebenundachtzig Schafen hinübergehen. Weil aber das Brett sehr schmal war, mussten die Tiere einzeln über den Steg gehen, und das nächste durfte ihn erst betreten, wenn das vorige bereits wieder festen Boden unter den Hufen hatte.

Das war eine langwierige Geschichte, du musst dir das vorstellen: Als Erster läuft Treff hinüber, dann Treibauf. Dann folgt ihnen zögernd und misstrauisch der Leithammel. Wie er endlich drüben ist, treibt der Schäfer das nächste Schaf auf den Steg. Das braucht auch wieder eine ganze Weile, bevor es am andern Ufer ankommt. Denn vorsichtig setzt es Schritt vor Schritt.

Und so geht das nun weiter.

Aber der Schäfer hat ja viel Zeit, er hat sehr viel Zeit. Geduldig schickt er ein Schaf nach dem andern über das Brett, alle sechshundertsiebenundachtzig. Es ist unterdessen schon dunkel geworden, der Mond steht am Himmel, die Sterne blinken herunter, der Nebel steigt aus den Wiesen auf.

Nun müssen auch wir Geduld haben, du und ich. Denn ehe nicht alle sechshundertsiebenundachtzig Schafe den Bach überquert haben, geht die Geschichte nicht weiter. Du fragst mich, wie lange das dauert? Ich glaube, du kannst es dir ausrechnen! Wenn du die Augen zumachst und dir die sechshundertsiebenundachtzig Schafe vorstellst, wie sie der Reihe nach über das Brett ziehen, graue, weiße und schwarze, dann wirst du ja merken, wenn alle drüben sind. Aber verzähl dich nicht! Wenn du darüber einschlafen solltest, was tust du? Morgen ist auch noch ein Tag, und da werden wir sehen, wie die Geschichte weitergeht.

Otfried Preußler

WER HAT DIE SCHÖNSTEN SCHÄFCHEN?

Wer hat die schönsten Schäfchen?
Die hat der goldne Mond,
der hinter unsern Bäumen
am Himmel droben wohnt.

Er kommt am späten Abend,
wenn alles schlafen will,
hervor aus seinem Hause
zum Himmel leis und still.

Dann weidet er die Schäfchen
auf seiner blauen Flur,
denn all die weißen Sterne
sind seine Schäfchen nur.

Sie tun sich nichts zuleide,
hat eins das andre gern,
und Schwestern sind und Brüder
da droben Stern an Stern.

Und soll ich dir eins bringen,
so darfst du niemals schrein,
musst freundlich wie die Schäfchen
und wie ihr Schäfer sein.

August Heinrich Hoffmann von Fallersleben

ALLE IN EINEM BETT

Hubert, der Bär, war müde. Er saß auf der Fensterbank und konnte nicht schlafen. Er liebte den Mond, aber der leuchtete so hell durch das Fenster, dass immer, wenn der Bär die Augen schließen wollte, er wieder wach wurde. Hubert schaute sich um. Alle anderen Kuscheltiere schliefen fest und sogar Polli, das kleine Mädchen, ließ sich durch nichts stören. Da hatte Hubert eine Idee. Er gähnte, hüpfte von der Fensterbank, schlich leise zu Pollis Bett und zog an ihrer Bettdecke. Polli wurde wach und erblickte Hubert, den Bären. „Was ist denn los?", murmelte sie.

„Brumm", flüsterte Hubert. „Ich kann nicht schlafen. Kann ich zu dir kommen?"

Polli dachte ein bisschen nach und sang: „Alle in einem Bett und das Bett ist so klein, alle in einem Bett, passt du da noch rein? Nein!"

„Doch", brummte der Bär, „ich mach mich klein, dann klappt der Rest von allein!"

Galvina, die Gans, war auch noch wach. Sie stand im Bücherregal, direkt neben dem Piratenbuch. Aber Galvina hatte Angst vor Piraten. Was nun? Da hatte Galvina eine Idee. Sie gähnte, flatterte vom Bücherregal, landete leise neben Pollis Bett und zog an ihrer Bettdecke.

Polli und Hubert, der Bär, wurden wach und erblickten Galvina, die Gans. „Was ist denn los?", murmelte Polli.

„Quak", flüsterte Galvina. „Ich kann nicht schlafen. Kann ich vielleicht zu dir kommen?"

Polli dachte ein bisschen nach. Im Bett war nicht mehr viel Platz. Sie sang: „Alle in einem Bett und das Bett ist so klein, alle in einem Bett, passt du da noch rein? Nein!"

„Doch", schnatterte die Gans, „natürlich! Ich mach mich klein, dann klappt der Rest von allein!"

Plitsch, platsch. Ugo, der Frosch, machte die Augen auf. Er saß im Badezimmer auf dem Waschbecken und der Wasserhahn tropfte. Plitsch, platsch, plitsch, platsch. So konnte Ugo nicht schlafen! Da hatte er eine Idee. Er gähnte, hüpfte vom Waschbecken und zu Pollis Bett und zog an ihrer Bettdecke.

Polli, Hubert, der Bär, und Galvina, die Gans, wurden wach und erblickten Ugo, den Frosch. „Was ist denn los?", murmelte Polli.

„Quak", flüsterte Ugo. „Ich kann nicht schlafen. Kann ich vielleicht zu dir kommen?"

Polli dachte ein bisschen nach. Im Bett war nicht mehr viel Platz. Sie sang: „Alle in einem Bett und das Bett ist so klein, alle in einem Bett, passt du da noch rein? Nein!"

„Doch!", quakte der Frosch, „natürlich! Ich mach mich klein, dann klappt der Rest von allein."

Ismael, der Elefant, konnte nicht schlafen, denn die zwei Meerschweinchen machten schon die ganze Nacht Krach.

„Ruhe!", rief Ismael, aber Rudi und Trudi liefen in ihrem Käfig herum, als wollten sie eine Party feiern.

„Wir sind nachtaktiv", sagte Rudi. „Wir können nicht anders."

Ismael, der Elefant, stöhnte. Doch dann hatte er eine Idee. Er stapfte zu Pollis Bett und zog an ihrer Bettdecke.

Polli, Hubert, der Bär, Galvina, die Gans, und Ugo, der Frosch, wurden wach und erblickten Ismael, den Elefanten. „Was ist denn los?", murmelte Polli.

„Trööt", machte Ismael ganz leise. „Ich kann nicht schlafen. Darf ich mit in dein Bett?"

Polli dachte ein bisschen nach. Im Bett war nicht mehr viel Platz. Sie sang: „Alle in einem Bett und das Bett ist so klein, alle in einem Bett, passt du da noch rein? Nein!"

„Doch", trompetete der Elefant, „ich mach mich klein, dann klappt der Rest von allein."

Im Bett war es so gemütlich! Polli, Hubert, Galvina, Ugo und Ismael schliefen wie die Murmeltiere. Und das wäre auch gut gegangen, wenn die Meerschweinchen nicht plötzlich beschlossen hätten, in das Bett von Polli zu kriechen …

KRACH!

Alle wieder wach!

Erwin Grosche

STILL UND LEISE KOMMT DER SANDMANN

Jeden Abend setzte sich Mama Schaf zu ihrem kleinen Schaf ans Bett. „Jetzt bist du mein kleines Schlafschaf", sagte Mama Schaf. Und dann sang sie ihm ein Gutenachtlied, jeden Abend das gleiche Lied. Danach kuschelte sich das kleine Schaf in sein Kissen, gähnte laut und schlief tief und fest bis zum anderen Morgen.

Heute aber wollte das kleine Schaf nicht einschlafen.

„Nein", rief es. „Ich will kein Schlafschaf sein!"

„Aber warum denn nicht?", fragte Mama Schaf.

„Weil", sagte das kleine Schaf und räusperte sich, „weil ich so viel verpassen könnte und weil ich überhaupt nicht müde bin! Ich will den Mond sehen und die Sterne!"

„Ach so", sagte Mama Schaf und öffnete das Fenster.

Da sah das kleine Schaf den Mond. Er war groß und leuchtete. Und um ihn funkelten die Sterne, unzählig viele Sterne. Am Himmel aber schwebte eine weiße Wolke. Darauf saß ein kleiner Mann und zwinkerte ihnen zu.

„Das ist der Sandmann!", sagte Mama Schaf. „Jeden Abend, wenn es dunkel wird, reist er um die ganze Welt. Er schaut in jedes Haus und streut allen kleinen Schafen Traumsand in die Augen, damit sie besser schlafen können!"

„Mir auch?", fragte das kleine Schaf.

„Dir auch", erwiderte Mama Schaf.

Das kleine Schaf schloss für einen Moment die Augen. Und ehe es sichs versah, streute ihm der Sandmann einige Körner feinen Sand in die Augen.

„Kommst du heute in meinem Traumschiff mit mir um die Welt?", fragte der Sandmann leise.

Erstaunt sah ihn das kleine Schaf an. Und dann nickte es. Der Sandmann nahm seine Geige hervor und spielte ein Lied. Das kleine Schaf lauschte. Es ist mein Lied, dachte es.

Schon erhob sich das Kissen, auf dem das kleine Schaf lag, und segelte durchs Fenster zum Traumschiff.

„Nun steig ein!", rief der Sandmann.

Das kleine Schaf ließ sich das nicht zweimal sagen. Da erhob sich leise das Traumschiff und die Reise begann.

Es schwebte über das Haus hinweg. Alle Lichter waren erloschen. Kein Laut war zu hören. Das kleine Schlafschaf sah sich neugierig nach allen

Seiten um. Die Vögel in den Bäumen hatten ihre Köpfe in die Federn
gesteckt. Der Mond leuchtete hell herab auf die Erde. Der Hund lag
schlafend vor seiner Hütte. Nur ein schwarzer Kater schlich leise ums
Haus. Sie flogen höher und immer höher. Sie flogen an der Milchstraße
vorüber, am Großen und am Kleinen Bären vorbei, über Wüste

und Steppe, über Wiesen und Wälder. Sie flogen
über kleine Dörfer und riesengroße Städte, am Äquator
vorbei, vom Nordpol zum Südpol. Wo sie aber vorüberkamen, streuten
sie feinen Sand und brachten wunderschöne Träume.

Als am nächsten Morgen die Sonne aufging, flog das kleine Schaf durch das Fenster zurück in sein Zimmer und landete
sanft in seinem Bett. Es schlug die Augen auf und dann rief es: „Mama
Schaf, heute Nacht hat mir der Sandmann seinen schönsten Traum ge-
schenkt!" Seitdem wartet das kleine Schaf jeden Abend auf den Sandmann und freut sich auf einen schönen Traum von ihm.

Antonie Schneider

Traum-Gedicht

Es sitzt in einem Apfelbaum
auf einem kleinen Ast ein Traum.
Er schläft ganz fest,
vom Wind gewiegt,
ein Lächeln im Gesicht.
Ich glaube fast,
er träumt den Traum
vom Traum in einem Apfelbaum.

Elfi Schöniger

26

Schlaf gut, Piraten-Joe

Joe war ein ganz normaler kleiner Junge. Na ja, abgesehen davon, dass er auf einem Piratenschiff lebte, zusammen mit sechs großen Piraten. Sein richtiger Name war Piraten-Joe und die Alte Betty war sein Piratenschiff.

Joe liebte es, beim Einschlafen die Meereswellen an das Schiff schwappen zu hören, und war immer im Nu eingeschlummert. Doch eines Abends konnte Joe einfach nicht schlafen. Und von diesem Abend möchte ich euch nun erzählen …

„Hallo! Ich bin noch wach!", rief Piraten-Joe aus seiner Kajüte, nachdem er sich mehrmals hin und her gewälzt hatte.

„Alle mal herhören!", dröhnte eine tiefe Stimme aus der Nachbarkajüte. „Unser Joe kriegt kein Auge zu!"

Die Holzplanken des Schiffes knarrten unter den Schritten von sechs Piraten. Kurze Zeit später drängten sie durch Joes Kajütentür.

„Du bist ja noch hellwach", staunte Piraten-Ole.

„Was machen wir denn da?", überlegte Piraten-Paul und kratzte sich nachdenklich den struppigen Bart.

„Ich hab eine Idee!", rief Piraten-Pelle. „Schäfchen zählen hilft!"

Die anderen Piraten nickten eifrig.

„Aber hier sind doch weit und breit keine Schafe", murrte Joe.

„Kein Problem", winkte Pelle ab. Er hatte nämlich noch eine Idee. Die Piraten spannten im Mittelgang des Schiffes ein kniehohes Seil und sprangen nacheinander auf allen vieren darüber. Damit sie auch wie echte Schafe wirkten, riefen sie dabei laut: „Mäh, mäh!"

Das sah so lustig aus, dass Joe kaum zählen konnte vor Lachen. Und die Piraten kamen bei dem Gehopse ganz schön aus der Puste.

„Nee, Leute, wir brauchen eine neue Idee", japste da Piraten-Robert. „Joe schläft ja immer noch nicht."

„Ein Gutenachtlied!", schlug Piraten-Kalle vor. Damit waren die anderen Piraten einverstanden, und alle sangen, dass die Holzbalken zitterten: „Wir ziehen ins Abenteuer, erlegen Ungeheuer…"

„Halt!", rief Joe. „Das ist viel zu laut. Bei so einem Lärm kann doch niemand einschlafen!"

„Joe hat recht", brummte der alte Pirat Sören ungeduldig und drängelte sich nach vorn. „Und mir fällt es wie Fischschuppen von den Augen, was ihm fehlt!"

Die Piraten sahen sich fragend an.

„Na, das ist doch klar wie der Titicacasee… Natürlich Mondstaub!"

„Ja, genau… äh, Mondstaub", echoten die Piraten verwundert.

„Ich hab aber keinen", meinte Joe.

„Da müssen wir dein Bett erst mal aufs Deck verfrachten, denn Mondstaub darf nur im Mondschein übergeben werden", flüsterte Sören geheimnisvoll.

Wenig später hatten die Piraten Joes Bett an Deck gebracht. Joe kletterte hinein und konnte den Sternenhimmel und den Mond über sich leuchten sehen. Die Wellen schaukelten das Schiff sanft hin und her.
„Oh, ist das schön", staunte Joe.
Der alte Sören holte nun ein kleines Kästchen hervor und überreichte es feierlich an Joe. „Das ist für dich. Echter Mondstaub mit Einschlafgarantie. Habe ich mal beim Kartenspielen gewonnen", sagte er.
Ganz vorsichtig öffnete Joe den Deckel des Kästchens. Feinster silberner Staub schimmerte ihnen entgegen.
„Genauso silbern wie das Mondlicht auf den Wellen", flüsterte Joe.
„Genau", staunten die Piraten.
Joe schaute zum Mond hinauf und hörte Sörens Stimme:

„Der gute Mond, der flüstert dir zu:
Schlaf auch du, schlaf auch du.
Er taucht dich in seinen silbernen Schein,
führt dich ins Land der Träume hinein.
Die Wellen wiegen dich brav
und schenken dir friedvollen Schlaf.
Sie flüstern dir zu: Schlaf ein, schlaf ein, schlaf auch du."
Kaum hatte Piraten-Sören sein Gedicht beendet, hörte er ein gewaltiges Schnarchen. Nicht nur Joe, sondern auch alle anderen Piraten waren tief und fest eingeschlafen.
„Ja, ja, Mondstaub wirkt immer", flüsterte Sören.

Nicole Büscher

DER KLEINE HÄWELMANN

Es war einmal ein kleiner Junge, der hieß Häwelmann. Des Nachts
schlief er in einem Rollenbett und auch des Nachmittags, wenn er
müde war. Wenn er aber nicht müde war, so musste seine Mutter ihn
darin in der Stube umherfahren, denn davon konnte er nie genug bekommen.

Nun lag der kleine Häwelmann eines Nachts in seinem Rollenbett und
konnte nicht einschlafen. Die Mutter aber schlief schon lange neben
ihm in ihrem großen Himmelbett.

„Mutter", rief der kleine Häwelmann, „ich will fahren!"

Da langte die Mutter im Schlaf mit dem Arm aus dem Bett und rollte
das Bettchen hin und her. Und wenn ihr der Arm müde werden wollte,
so rief der kleine Häwelmann wieder: „Mehr, mehr!", und dann ging
das Rollen wieder von vorne an. Endlich aber schlief sie gänzlich ein,
und so viel Häwelmann auch schreien mochte, sie hörte es nicht mehr.
Es dauerte nicht lange, da sah der gute alte Mond ins Fenster hinein,
und was er sah, war so possierlich, dass er sich erst mit dem Pelzärmel

über das Gesicht fuhr, um sich die Augen auszuwischen. So etwas hatte der alte Mond sein Lebtag noch nicht gesehen:

Da lag der kleine Häwelmann in seinem Rollenbett und hielt das eine Beinchen wie einen Mast in die Höhe. Sein Hemdchen hatte er ausgezogen und es wie ein Segel an seiner kleinen Zehe aufgehängt. Dann nahm er einen Hemdzipfel in jede Hand und fing mit beiden Backen an zu blasen. Und allmählich, leise, leise, fing sein Bettchen an zu rollen, über den Fußboden, dann die Wand hinauf, dann kopfüber die Decke entlang und dann die andere Wand wieder hinunter.

„Mehr, mehr!", schrie der Häwelmann, als er zurück auf dem Boden war. Und dann blies er wieder seine Backen auf und es ging wieder kopfüber und kopfunter.

Es war ein großes Glück für den kleinen Häwelmann, dass es gerade Nacht war und die Erde auf dem Kopf stand. Sonst hätte er sich doch gar zu leicht den Hals brechen können!

Als er die Reise dreimal gemacht hatte, guckte der Mond ihm plötzlich ins Gesicht. „Junge", sagte er, „hast du noch nicht genug?"

„Nein", schrie Häwelmann, „mehr, mehr! Mach mir die Tür auf! Ich will durch die Stadt fahren. Alle Menschen sollen mich fahren sehen."

„Das kann ich nicht", sagte der gute Mond, aber er ließ einen langen Strahl durch das Schlüsselloch fallen und darauf fuhr der kleine Häwelmann zum Haus hinaus.

Auf der Straße war es ganz still und einsam. Die hohen Häuser standen im hellen Mondschein und glotzten mit ihren schwarzen Fenstern recht dumm in die Stadt hinaus. Es rasselte, als der kleine Häwelmann in seinem Rollenbett über das Straßenpflaster fuhr, und der gute Mond ging immer neben ihm und leuchtete.

So fuhren sie Straßen aus, Straßen ein, aber die Menschen waren nirgends zu sehen.

Als sie bei der Kirche vorbeikamen, da krähte
auf einmal der große goldene Hahn auf dem Glo-
ckenturm. Sie hielten still.

„Was machst du da?", rief der kleine Häwelmann hinauf.

„Ich krähe zum ersten Mal!", rief der goldene Hahn herunter.

„Wo sind denn die Menschen?", rief der kleine Häwelmann hinauf.

„Die schlafen!", rief der goldene Hahn herunter. „Wenn ich zum dritten
Mal krähe, dann wacht der erste Mensch auf."

„Das dauert mir zu lange", sagte Häwelmann, „ich will in den Wald fahren, alle Tiere sollen mich fahren sehen!"

„Junge", sagte der gute alte Mond, „hast du noch nicht genug?"

„Nein", schrie Häwelmann, „mehr, mehr! Leuchte, alter Mond, leuchte!"
Und damit blies er die Backen auf und der gute alte Mond leuchtete.
So fuhren sie zum Stadttor hinaus und übers Feld und in den dunklen
Wald hinein. Dort war es still und einsam.

Die Tiere waren nicht zu sehen, weder die Hirsche noch die Hasen, auch nicht die kleinen Mäuse.

So fuhren sie immer weiter, durch Tannen- und Buchenwälder, bergauf und bergab. Der gute Mond ging nebenher und leuchtete in alle Büsche, aber nur eine kleine Katze saß oben in einem Eichbaum und funkelte mit den Augen. Da hielten sie still.

„Das ist der kleine Hinze", sagte Häwelmann, „ich kenne ihn wohl. Er
will die Sterne nachmachen."

Als sie weiterfuhren, sprang die kleine Katze mit von Baum zu Baum.

„Was machst du da?", rief der kleine Häwelmann hinauf.

„Ich illuminiere!", rief die kleine Katze herunter.

„Wo sind denn die anderen Tiere?", rief der kleine Häwelmann hinauf.

„Die schlafen!", rief die kleine Katze herunter und sprang wieder einen
Baum weiter. „Horch nur, wie sie schnarchen!"

„Junge", sagte der gute alte Mond, „hast du noch nicht genug?"

„Nein", schrie Häwelmann, „mehr, mehr! Leuchte, alter Mond, leuchte!",
und dann blies er die Backen auf und der gute alte Mond leuchtete. So
fuhren sie zum Walde hinaus und dann über die Heide bis ans Ende der
Welt und dann gerade in den Himmel hinein.

Hier war es lustig: Alle Sterne waren wach und hatten die Augen auf
und funkelten, dass der ganze Himmel blitzte.

„Platz da!", schrie Häwelmann und fuhr in den hellen Haufen hinein, dass die Sterne links und rechts vor Angst vom Himmel fielen.

„Junge", sagte der gute alte Mond, „hast du noch nicht genug?"

„Nein", schrie der kleine Häwelmann, „mehr, mehr!", und – hast du nicht gesehen!, fuhr er dem alten guten Mond quer über die Nase, dass er ganz dunkelbraun im Gesicht wurde.

„Pfui!", sagte der Mond und nieste dreimal. „Alles mit Maßen!", und damit putzte er seine Laterne aus und alle Sterne machten die Augen zu. Da wurde es im ganzen Himmel dunkel.

„Leuchte, alter Mond, leuchte!", schrie Häwelmann, aber der Mond war nirgends zu sehen und auch die Sterne nicht. Sie waren schon alle zu Bett gegangen.

Da fürchtete der kleine Häwelmann sich sehr, weil er so allein im Himmel war. Er nahm seine Hemdzipfelchen in die Hände und blies die Backen auf, aber er wusste weder aus noch ein, er fuhr kreuz und quer, hin und her, und niemand sah ihn fahren, weder die Menschen noch die Tiere noch die lieben Sterne.

Da guckte endlich unten, ganz unten am Himmelsrande ein rotes rundes Gesicht zu ihm herauf.

Der kleine Häwelmann meinte, der Mond sei wieder aufgegangen.

„Leuchte, alter Mond, leuchte!", rief er.

Es war aber die Sonne, die gerade aus dem Meer heraufkam. „Junge", rief sie und sah ihm mit ihren glühenden Augen ins Gesicht, „was machst du hier oben in meinem Himmel?"

Und – eins, zwei, drei!, nahm sie den kleinen Häwelmann und warf ihn mitten in das große Wasser. Da konnte er schwimmen lernen.

Und dann? Ja, und dann? Weißt du nicht mehr? Wenn du und ich nicht gekommen wären und den kleinen Häwelmann in unser Boot genommen hätten, so hätte er doch leicht ertrinken können!

Theodor Storm

GUTENACHTLIEDCHEN

Leise, Peterle, leise,
der Mond geht auf die Reise.
Er hat sein weißes Pferd gezäumt,
das geht so still, als ob es träumt.
Leise, Peterle, leise.

Stille, Peterle, stille,
der Mond hat eine Brille.
Ein graues Wölkchen schob sich vor,
das sitzt ihm grad auf Nas und Ohr.
Stille, Peterle, stille.

Träume, Peterle, träume,
der Mond guckt durch die Bäume.
Ich glaube gar, nun bleibt er stehn,
um unser Peterle im Schlaf zu sehn –
träume, Peterle, träume.

Paula Dehmel

Hast du gut geschlafen, Teddybär?

Die Nacht ist vorbei. Es wird schon hell. Till schläft noch.
Aber Teddy liegt im Bett und langweilt sich.
„Schläfst du noch, Till?", flüstert er. Till hört es nicht.
„Wach doch auf, Till", sagt Teddy. Till rührt sich nicht.
Teddy kitzelt Till an der Nase. „Hatschi", macht Till.
Er schläft weiter und Teddy langweilt sich immer mehr.
Teddy steht auf und krabbelt aufs Regal.
„Borgst du mir deine Zipfelmütze, Kasperl?", fragt er. „Ich möchte Kasperl spielen."
Kasperl schüttelt den Kopf. „Der Kasperl bin ich. Und meine Zipfelmütze brauche ich selber."
„Ich langweile mich aber so", jammert Teddy.
Da borgt Kasperl ihm seine Zipfelmütze. Teddy setzt sie auf. Er nimmt auch noch die Trommel. Dann marschiert er auf dem Fensterbrett hin und her und denkt sich ein Lied aus:

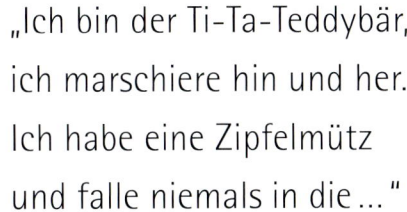

„Ich bin der Ti-Ta-Teddybär,
ich marschiere hin und her.
Ich habe eine Zipfelmütz
und falle niemals in die…"

Mitten im Lied stolpert Teddy. Er stolpert und fällt aus dem Fenster.

„Hilfe! Ich falle!", schreit Teddy.

Aber es nützt nichts. Er fällt und fällt und fällt. Unten im Hof liegt die schwarze Katze. Sie hat die ganze Nacht Mäuse gefangen. Jetzt schläft sie. Plötzlich macht es Rrrums!, und Teddy landet auf ihrem Rücken.

„Was soll der Quatsch, Teddy?", faucht die Katze.

„Gar kein Quatsch", jammert Teddy. „Ich habe ein bisschen gespielt und da bin ich aus dem Fenster gefallen."

„Geh wieder nach Hause!", faucht die Katze.

„Wie denn?", jammert Teddy. „Unser Fenster ist doch da oben!"

Die Katze hebt den Kopf und sieht das Fenster an. „Heule nicht, Teddy!", maunzt sie. „Ich bringe dich bis zum Garagendach. Dann hast du es nicht mehr so weit."

„Danke, schwarze Katze", sagt Teddy und denkt sich ein Lied für sie aus:

> „Die Mi-Ma-Miezekatze
> fing eine kleine Ratze.
> Die Ri-Ra-Ratz lief weg,
> die Katze saß im Dreck."

„Hahaha", lacht die Katze. „Das muss ich dem weißen Kater vorsingen. Dem laufen alle Ratzen weg. Und jetzt los, Teddy!"

Mit einem Riesensatz springt die Katze auf den Zaun.

„Hilfe!", schreit Teddy. „Wir fallen!"

„Quatsch, Katzen fallen nicht", sagt die Katze und springt auf das Garagendach. „Nun sieh zu, wie du allein weiterkommst, Teddy. Ich bin müde vom Mäusefangen und will endlich schlafen."

„Wir haben Kasperls Zipfelmütze liegen lassen!", ruft Teddy.

Aber die schwarze Katze ist schon verschwunden. Teddy sitzt allein auf dem Dach. Das Fenster ist immer noch weit weg. Teddy weiß nicht, wie er wieder nach Hause kommen soll.

„Vielleicht wacht Till bald auf", denkt er. „Vielleicht guckt er aus dem Fenster und sucht mich."

Aber kein Till lässt sich blicken.

Da fängt Teddy an zu weinen. Ganz laut. Das hören zwei Eichhörnchen, die in dem großen Baum wohnen.

„Warum heulst du denn so, Teddy?", fragen die Eichhörnchen.

„Ich habe ein bisschen gespielt", heult Teddy. „Da bin ich aus dem Fenster gefallen. Die schwarze Katze hat mich hierhergebracht und Kasperls Mütze ist weg und ich kann nicht wieder nach Hause."

„Wo wohnst du denn, Teddy?", fragen die Eichhörnchen.

„Da oben!", heult Teddy.

Die Eichhörnchen sehen das Fenster an. „Sehr hoch, Teddy", sagen sie.

„Aber wir bringen dich auf den Lichtmast. Dann bist du wieder ein Stück weiter."

„Danke, Eichhörnchen!", ruft Teddy. Er hört auf zu weinen und denkt
sich ein Lied für sie aus:

„Zwei Eichhörnchen im grünen Baum,
die hatten einen Tri-Tra-Traum.
Sie fanden eine große Nuss
mit Schi-Scha-Schokoladenguss."

„Ein schönes Lied", lachen die Eichhörnchen. „Solche Nüsse möchten
wir haben. Und jetzt komm in unseren Bi-Ba-Baum."
Im Eichhörnchenbaum ist es dunkel. Teddy hat Angst.
„Gibt es bei euch Gespenster?", flüstert er.
„Gespenster? Was ist das?", fragen die Eichhörnchen.
Teddy zeigt auf ein paar helle Flecke.
„Das sind doch Sonnenstrahlen!", sagen die Eichhörnchen. „Gespenster!
So ein Bli-Bla-Blödsinn!"
Sie klettern mit Teddy in die Baumkrone. Und dann springen sie.
„Hilfe!", schreit Teddy. „Ich falle!"

Doch er sitzt schon auf dem Lichtmast, nahe bei dem Fenster.

„Weiter geht's nicht", sagen die Eichhörnchen. „Auf Wiedersehen,
Teddy."

„Könnt ihr mir nicht Kasperls Zipfelmütze holen?", will Teddy fragen.
Aber die Eichhörnchen sind schon weg. Teddy sitzt ganz allein auf dem
Lichtmast.

„Till!", ruft er. „Till!"

Kein Till kommt. Ob er ihn vergessen hat?

Teddy friert. Er hat auch Hunger. Er denkt an das warme Zimmer und
an den Frühstückstisch mit Kakao und Honigbrot. Beinahe muss Teddy
wieder weinen. Er sieht den Draht an, der vom Lichtmast zum Fenster
führt. Ein dünnes Drahtseil.

„Vielleicht kann ich über das Seil laufen?", denkt Teddy.

Er blickt nach unten. Er hat schreckliche Angst. Aber er will nicht länger auf dem Lichtmast sitzen. Teddy stellt einen Fuß auf den Draht und geht einen kleinen Schritt vorwärts. Er geht noch einen Schritt und noch einen Schritt und noch einen Schritt. Sein Herz klopft vor lauter Angst. Aber er geht weiter, immer weiter. Und plötzlich rutscht er aus.

„Hilfe!", schreit Teddy. „Ich falle!"

Da kommt eine Taube angeflogen. Sie sieht, wie Teddy vom Seil fällt, und kann gerade noch seine Hose schnappen.

„Keine Angst, Teddy, ich halte dich fest", gurrt die Taube und fliegt mit ihm zum Fensterbrett.

„Danke, liebe Taube!", ruft Teddy und gibt ihr einen Kuss. Er ist froh. Er ist so glücklich. Und er denkt sich ein besonders schönes Taubenlied aus:

46

„Eine Ti-Ta-Taube
wartet in der Laube.
Wartet dort den ganzen Tag,
weil sie gerne Körner mag.
Und wo kriegt sie Körner her?
Von dem Ti-Ta-Teddybär."

„Ein sehr schönes Lied", lacht die Taube. „Aber ich kann nicht den ganzen Tag warten. Ich muss weiterfliegen. Auf Wiedersehen, Teddy!"

„Willst du mir nicht noch Kasperls Zipfelmütze holen?", ruft Teddy.

Aber die Taube ist schon weg.

Teddy klettert durch das Fenster.

Da sieht er Till. Till liegt im Bett und schläft.

„Till!", ruft Teddy. „Hallo!" Till macht die Augen auf.

„Guten Morgen, Teddy", gähnt er. „Hast du gut geschlafen?"

„Ziemlich gut", sagt Teddy. „Aber jetzt komm, Till. Wir müssen Kasperls Zipfelmütze suchen." Und dann singt er Till noch schnell ein Lied vor:

> „Ich bin der Ti-Ta-Teddybär,
> ich hopse immer hin und her.
> Ich bin vergnügt und munter
> und fall nie ri-ra-runter."

Irina Korschunow

48

DER MANN IM MOND

Der Mann im Mond hängt bunte Träume,
die seine Mondfrau spinnt aus Licht,
allnächtlich in die Abendbäume,
mit einem Lächeln im Gesicht.

Da gibt es gelbe, rote, grüne
und Träume ganz in Himmelblau.
Mit Gold durchwirkte, zarte, kühne,
für Bub und Mädel, Mann und Frau.

Auch Träume, die auf Reisen führen.
In Fernen, abenteuerlich.
Da hängen sie an Silberschnüren!
Und einer davon ist für dich.

Mascha Kaléko

DIE MITTERNACHTSMÜTZE

Oma kann nicht schlafen. Mitten in der Nacht sitzt sie im Bett und ist leider ganz wach. Was kann man da machen? Sie hat schon fünf Gedichte aufgesagt, die sie auswendig kann, sie hat es mit Schäfchenzählen versucht, dann hat sie Licht gemacht und ein bisschen gelesen.
Aber es klappt einfach nicht mit dem Einschlafen.
Sie setzt sich ans offene Fenster, schaut hinaus in die dunkle Sommernacht und betrachtet die Sterne.

Da! Was ist da vorbeigeflattert? Eine Fledermaus? Eine Eule? Jetzt kommt es wieder zurückgeflattert und landet auf der Fensterbank! Es ist ein kleiner Traumengel.

„Hallo", flüstert er, „du schläfst ja gar nicht."

„Es geht nicht", sagt Oma. „Aber du schläfst doch auch nicht."

„Ich muss Träume austeilen", sagt der kleine Traumengel. „Gerade war ich bei deinen Enkelkindern. – Weißt du was? Ich bring dir eine Mitternachtsmütze mit, die hilft bestimmt."

„Was für eine Mütze?", wundert sich Oma. „Ich ziehe keine Mütze an, schon gar nicht beim Schlafen."

„Es ist aber eine ganz besondere Mütze", sagt der kleine Traumengel.

„Leg dich einfach aufs Kissen und lass dich überraschen. Du musst nur die Augen zumachen und warten, bis ich wiederkomme."

Oma legt sich also hin und schließt die Augen. Auf einmal spürt sie etwas am Kopf, ganz weich und federleicht. Es geht bis über die Ohren. Und oh! Plötzlich kann sie die allerleisesten Sachen hören.

Sie hört, wie im Garten das Gras wächst und wie die Raupe am Blatt nagt. Sie hört, wie die kleinen Vögel im Nest atmen, wie sich der goldene Hahn auf dem Kirchturm dreht und wie der Maulwurf in der Erde sich am Bauch kratzt. Sie kann sogar hören, wie die Sterne ganz leise mit vielen tausend Stimmchen durcheinandersingen.

„Das ist lustig", denkt sie, „das muss ich morgen unbedingt den Kindern erzählen."

Sie horcht und horcht und auf einmal ist sie eingeschlafen.

Und der kleine Traumengel kommt und nimmt die Mitternachtsmütze wieder mit. Für morgen. Oder für jemand anders, der heute Nacht nicht schlafen kann.

Christa Wißkirchen

LÄMMCHEN WILL JETZT SCHLAFEN GEHEN

Es ist Abend, die Sonne geht langsam unter. Lenni, das Lämmchen, hat den ganzen Tag gespielt. Jetzt ist er müde und sucht seine Mama. Sie soll ihn ins Bett bringen, wie jeden Abend. Aber er kann sie nirgends finden.

„Ich will jetzt schlafen gehen", murmelt er und geht müde ins Haus.

Da kommt Frau Kuh herein und ruft: „Keine Sorge, Lenni, ich bring dich ins Bett!"

Frau Kuh nimmt das Betttuch und wickelt Lenni so fest ein, dass er sich kaum noch bewegen kann.

„Aufhören!", schreit Lenni durch das Betttuch. „Was soll das?"

„Das haben wir gleich", schnurrt da Frau Katz und wickelt Lenni wieder aus. „So, jetzt noch einen dicken Gutenachtkuss! Und du wirst sehen, wie gut du schläfst."

Und Frau Katz leckt Lenni übers ganze Gesicht – so, wie sie es bei ihren Kindern auch immer macht.

„Igitt!", ruft Lenni. „Das ist mir zu nass! Ich will jetzt endlich schlafen gehen!"

Das hört Frau Pferd und stürmt ins Zimmer. „Kein Problem, mein Lämmchen! Ich nehme dich in den Arm und wiege dich in den Schlaf!"

Frau Pferd setzt sich aufs Bett, nimmt das Lämmchen in die Arme und drückt es fest an sich.

„Aua!", schreit Lenni. „Du bist viel zu stark! Ich will jetzt schlafen gehen!"

Da kommt Frau Schwein. „Weißt du was, mein Schatz? Du brauchst etwas Ordentliches zu essen!"

Und schon ist sie wieder weg. Es dauert nicht lange, da kommt Frau
Schwein mit einem riesigen Trog voller Schweineleckereien zurück!
„Oh nein!", seufzt Lenni verzweifelt und macht sich auf den Weg, seine
Mama zu suchen.

Da kommt ihm Frau Ente entgegen. „Halt, Lenni", schnattert sie, „lauf
nicht weg! Ich will dir doch ein schönes Gutenachtlied singen!"
Und Frau Ente singt: „Quack, quack…quack, quack!", und spielt dazu
auf der Gitarre: „Pling, pling, ploing, pling!"
Lenni findet das Gutenachtlied überhaupt nicht schön. „Aufhören!",
ruft er. „Ach, wenn mich doch meine Mama ins Bett bringen würde!"

„Ich bringe dich ins Bett, mein Lämmchen!", hört Lenni seine Mama rufen.

„Endlich, Mama!" Lenni ist so froh.

„Tut mir leid, dass ich so spät komme!", sagt sie und trägt ihn ins Bett. Sie nimmt die Decke und deckt ihn zu – nicht zu fest und nicht zu locker. Lennis Mama nimmt ihn in den Arm und gibt ihm einen Kuss, sie bringt ihm Saft und eine Leckerei… Dann singt sie ein wunderschönes Gutenachtlied. Und endlich schläft Lenni, das Lämmchen, ein.

Carol Roth

56

DER KLEINE NACHTWÄCHTER UND DIE BLUMEN

Wenn der kleine Nachtwächter mit seiner Laterne kommt, wissen die Leute, dass sie nun ins Bett gehen müssen. An einem Abend jedoch lief die Blumenfrau im Nachthemd noch einmal hinaus.

„Es wird Regen geben", sagte sie und sie holte alle ihre Blumen und stellte sie in ihren Töpfen vor die Tür.

Sooft der kleine Nachtwächter in dieser Nacht am Haus der Blumenfrau vorbeiging, wünschte er, es möge nun endlich regnen.

Aber es regnete nicht.

Da wurde der Nachtwächter traurig.

„Die Blumen werden verwelken", dachte er.

Und weil er das nicht zulassen durfte, schöpfte er mit seiner Mütze Wasser aus dem Dorfteich und begann, die Blumen zu gießen. Wieder und wieder musste der kleine Nachtwächter zum Dorfteich laufen. Einmal schwamm in seiner Mütze ein Fisch.

„Oh", sagte der kleine Nachtwächter erschrocken.
„Verzeihung."

Und er warf den Fisch in den Teich zurück.

Als der kleine Nachtwächter dreiundsiebzig Nacht-
wächtermützen voll Wasser geholt hatte, waren
endlich alle Blumen gegossen. Da verschränkte er
die Arme vor dem Bauch und freute sich. Aber leider sollte er sich nicht lange freuen, denn plötzlich
begann es zu regnen. Zuerst regnete es nur ein
bisschen, dann ein bisschen mehr, und schließlich
regnete es so stark, dass der kleine Nachtwächter
Angst bekam.

„Die Blumen werden ertrinken", dachte er.

„Aufhören!", rief er dem Regen zu und er schüttelte seine
Faust. Aber der Regen stellte sich taub. Fast hätte der kleine
Nachtwächter geweint. Doch weil das auch nicht gehol-
fen hätte, ließ er es lieber.

Er ging nach Hause und holte seinen Schirm. „Ich will euch beschützen", sagte er zu den Blumen.
Und er spannte den Schirm auf und hielt ihn über sie. Stunde um Stunde stand der kleine Nachtwächter so, einmal auf dem linken und einmal auf dem rechten Bein.

Der Regen aber lief ihm zum Kragen herein und bei den Hosenbeinen wieder heraus. Gegen Morgen ließ es endlich nach. Da klappte der kleine Nachtwächter den Schirm wieder zu und schlich sich pitschnass nach Hause. Doch als er endlich in seinem Bett lag, war er glücklich.

„Seht nur, wie schön meine Blumen sind!", rief die Blumenfrau. „Ich hatte sie in den Regen gestellt."

Was aber in dieser Nacht wirklich geschehen war, das haben die Leute niemals erfahren.

Gina Ruck-Pauquèt

WANDRERS NACHTLIED

Über allen Gipfeln
ist Ruh,
in allen Wipfeln
spürest du
kaum einen Hauch;
die Vögelein schweigen im Walde.
Warte nur, balde
ruhest du auch.

Johann Wolfgang von Goethe

Ricki hat's satt!

Manchmal, wenn Ricki ins Bett muss, hat er überhaupt keine Lust. Dann findet er, Ins-Bett-Gehen ist so ziemlich das Langweiligste von der Welt.

Sein Kissen ist sein Kissen, seine Bücher sind seine Bücher und Mama-und-Papa-Kuscheln ist eben Mama-und-Papa-Kuscheln.

Heute ist so ein Tag.

„Bett ist blöd!", ruft Ricki. Entschieden klemmt er sich seinen Fidibus unter den Arm, marschiert aus der Wohnung und ruft den Aufzug.

„Wo wolln wir denn hin?", fragt Fidibus.

Ricki muss nicht lang überlegen. „Wir fahren zu jemand, der lustig ist."

Drrring!, klingelt es bei Rupert-mit-dem-Loch-im-Strumpf.

„Hallo", sagt Ricki. „Was macht Große Zehe?"

„Hat Schnupfen", sagt Rupert-mit-dem-Loch-im-Strumpf und lässt Große Zehe wackeln. „Du glaubst ja nicht, wie miesepetrig sie deshalb ist."

„Wie können wir sie denn wieder froh machen?", fragt Ricki.

„Ich wüsste schon was, das bei Zehen wirkt!"

Rupert-mit-dem-Loch-im-Strumpf zwinkert ihm zu. Dann stellt er die
Stereoanlage an und dreht sie auf, dass die Wände wackeln.
„Yeah, yeah, yeah!", braust es aus den Lautsprechern und „Yeah, yeah,
yeah!", tanzen sie alle vier durchs Wohnzimmer: Ricki mit Fidibus. Und
Rupert-mit-dem-Loch-im-Strumpf mit Großer Zehe.
„Hör mal, wie die wieder kichert!", schnauft er nach dem vierten Song.
„Das reicht, sonst gibt sie vor Mitternacht keine Ruhe mehr."
Da sagt Ricki wieder Tschüss und yeah und tanzt zum Aufzug.
„Wo wolln wir denn hin?", fragt Fidibus.

Ricki muss nicht lang überlegen. „Wir fahren zu jemand, der traurig ist."

Drrring!, klingelt es bei Marlene-krumme-Beene.

„Hallo", sagt Ricki. „Weinst du heute wieder, weil die guten alten Zeiten vorbei sind?"

Marlene-krumme-Beene seufzt tief. Aber dann zeigt sie Ricki das Foto, „…und abends, wenn mein Vati aus der Schlosserei zurückkam…", und das Parfümfläschchen, „…dabei musste mein lieber Siggi jeden Pfennig dreimal umdrehen…", und den Schuh, „…immer hat mein Uwe Schnecken darin gesammelt, der kleine Schlingel…", und im nächsten Augenblick läuft ihr eine dicke Träne über die Wange.

„Ach, ach ja, die guten alten Zeiten!", weint sie.

„Willst du mal meinen Fidibus halten?", fragt Ricki.

Da muss Marlene-krumme-Beene nur noch ein klitzekleines bisschen weiterweinen, und als sie fertig ist, schenkt sie Ricki einen von den Nicht-so-Scharfen.

Bonbon lutschend stapft er zum Aufzug. „Wo wolln wir denn hin?", fragt Fidibus.

Ricki muss nicht lang überlegen. „Wir fahren zu jemand, der mutig ist."

Drrring!, klingelt es bei Tamara-der-Tapferen.

„Hallo", sagt Ricki. „Wie geht's Erwin?"

„Bestens", sagt Tamara-die-Tapfere und führt ihn zu Erwins Glaskasten.

„Er hat eben eine fette Heuschrecke verdrückt und jetzt ist er so richtig schön satt. Entdeckst du ihn?"

Ricki sucht. Und sucht. Und huuu, dahinten unter der Wurzel, da guckt ja ein langes, haariges Spinnenbein hervor!

„Hol ihn raus", flüstert er.

Und tatsächlich. Tamara-die-Tapfere hebt Erwin aus seinem Kasten wie nix. Erst glotzt er sie nur mit seinen acht Augen an, aber dann ... dann geht er auf ihrem Arm spazieren!

„Boah", haucht Ricki, und bevor sein Fidibus womöglich noch Angst bekommt, sagt er lieber schnell Tschüss.

In der nächsten Sekunde steht er schon am Aufzug. „Wo wolln wir denn hin?", fragt Fidibus.

Ricki muss nicht lang überlegen. „Wir fahren zu jemand, der meckerig ist."

Drrring!, klingelt es bei Willi-wenn-ich-dich-erwische.

„Hallo?", fragt Willi-wenn-ich-dich-erwische und steckt den Kopf aus der Wohnung. Aber da ist ja gar keiner! Nur eine Treppe tiefer, da hockt jemand und hält sich seinen Fidibus vor den Mund, damit man ihn nicht kichern hört.

„Dieser Rotzlöffel!", schimpft Willi-wenn-ich-dich-erwische und knallt die Tür zu.

Drrring!, klingelt es zum zweiten Mal.

„Na warte", knurrt er, nachdem er wieder aufgemacht hat, und läuft ein paar Stufen hinunter. Aber ätschibätschi! Diesmal hockt Ricki eine Treppe höher und wartet mucksmäuschenleise, bis unter ihm die Tür zuscheppert.

Drrring!, klingelt es zum dritten Mal. Und da …!

„Wenn ich dich erwische!", brüllt Willi-wenn-ich-dich-erwische. Nichts wie weg!

Ricki macht einen Riesensatz, aber sein Verfolger ist ihm dicht auf den Fersen. Er japst und keucht und rennt. Schnell, schnell in den Aufzug!

„Wo wolln wir denn …?", will Fidibus gerade fragen, doch Ricki hat schon lange fertig überlegt.

„Wir fahren zu jemand, der ganz doll lieb ist."

Drrring!, klingelt es bei den Nettesten-der-Welt.

„Hallo", sagt Ricki.

„Na, wieder da?", sagt Mama und wuschelt Ricki durch die Haare.

Er nickt. „Alles Wichtige erledigt."

„Und jetzt?", fragt Mama.

Ricki läuft ins Kinderzimmer. Da liegt Papa mit seinen Büchern auf seinem Kissen in seinem Bett und liest!

„Fidibus ist müde", erklärt Ricki. „Der muss dringend ins Bett."

Und als er sich mit Mama und Papa zusammenkuschelt, findet er, Ins-Bett-Gehen ist so ziemlich das Gemütlichste von der Welt.

Nikola Huppertz

DAS SCHAF, DAS NICHT
ÜBER DEN ZAUN SPRINGEN WOLLTE

Eines Abends konnte die kleine Hannah nicht einschlafen. Sie drehte sich hin und her, aber nichts half. Schließlich rief sie laut nach ihrer Mama.

Die setzte sich zu ihr und sagte: „Nicht einschlafen zu können ist gar nicht schlimm. In so einem Fall sollte man Schlaf-Schafe zählen."

„Schlaf-Schafe?", fragte Hannah verwundert.

„Schlaf-Schafe wohnen auf der Schlummerwiese", erklärte Mama, „und die ist auf Traumsand gewachsen. Dort steht ein sehr langer Zaun. Und immer, wenn ein Schaf darüberspringt, wirbelt es Traumsand auf. Dieser Traumsand macht müde, und so kommt es, dass man beim Schlaf-Schafe-Zählen einschläft."

Das fand Hannah spannend. Sie ließ sich noch ein Küsschen geben und machte erwartungsvoll die Augen zu.

Und wirklich – da sah sie die Schlummerwiese und lauter kleine Schafe! Nach einer Weile hob eines der Schafe den Kopf, und Hannah hatte das Gefühl, es würde sie direkt ansehen. Das Schäfchen rief ein fröhliches „Mäh", nahm Anlauf, sprang mit einem großen Hopser über den Zaun und wirbelte dabei etwas von dem Traumsand auf.

„Eins", murmelte Hannah.

Nun stellten sich auch die anderen Schafe freudig blökend hintereinander auf.

Das zweite Schaf nahm Anlauf und war mit einem riesigen Sprung auf der anderen Seite.

„Zwei", murmelte Hannah.

Das dritte Schäfchen sprang in einem sehr eleganten Bogen über den Zaun.

„Drei", murmelte Hannah, nun schon etwas schläfrig.

Nun rannte das vierte Schaf auf den Zaun zu … und blieb einfach davor stehen!

Das fünfte Schäfchen prallte kräftig auf seinen Popo. Wie ein großes Wollknäuel kugelten die beiden über die Schlummerwiese.

Da war Hannah wieder hellwach! Aber sie hielt ihre Augen fest geschlossen, denn sie wollte ja wissen, was auf der Schlummerwiese geschah.

„Donnerwetter", sagte das fünfte Schaf, „warum bist du denn nicht gesprungen?"

Das vierte Schaf rappelte sich hoch, schüttelte sich und antwortete: „Weil ich keine Lust hatte."

„Aber", Schaf Nummer fünf kratzte sich hinterm Ohr, „wenn du nicht springst, können wir anderen auch nicht springen. Du weißt doch, dass wir alle nacheinander über den Zaun müssen!"

„Das ist mir egal", sagte das vierte Schaf brummelig, „ich springe nicht und damit basta!"

Da entstand ein ziemlicher Lärm auf der Schlummerwiese. Alle Schlaf-Schafe riefen durcheinander und waren sehr aufgeregt.

„Los, spring endlich! Wir wollen auch über den Zaun!", „Vorwärts, wird das heute noch?", „Springen! Springen!" ... es war unbeschreiblich. Schließlich wurde auch der Schäfer aufmerksam. Er ließ sich die ganze Geschichte von den Schlaf-Schafen erzählen, ging dann zu Schaf Nummer vier, nahm es ein Stückchen zur Seite und sagte: „Nun erklär mir doch mal, warum du nicht über den Zaun springen willst."

Das kleine Schlaf-Schaf schaute verlegen auf den Boden und nuschelte: „Weil ich das nicht kann."

Der Schäfer traute seinen Ohren nicht! Und als er daraufhin noch einmal fragte, sagte das kleine Schaf ganz unglücklich: „Ich habe in der Schafschule gefehlt, als das Springen geübt wurde. Und nun weiß ich nicht, wie ich über den Zaun kommen soll!"

Da waren der Schäfer und die anderen Schafe ziemlich ratlos. Schließlich wurde es der kleinen Hannah zu dumm.

„Entschuldigt bitte", sagte sie. Alle Köpfe drehten sich in ihre Richtung. „Ich bin Hannah und würde gern schlafen. Warum macht ihr nicht eine Treppe, damit Schäfchen Nummer vier über den Zaun kommt? Und ab morgen übt ihr alle ganz viel mit ihm."

Das war eine ziemlich gute Idee. Gesagt, getan. Die Schlaf-Schafe legten, hockten und stellten sich so vor den Zaun, dass sie eine Treppe bildeten. Schaf Nummer vier kletterte hinauf und hopste dann oben vom Zaun herab.

„Vier", murmelte Hannah.

Nun konnten auch die anderen Schlaf-Schafe über den Zaun springen und bei Schaf Nummer sieben war die kleine Hannah endlich tief und fest eingeschlafen.

Marion & Stefan Jarzombek

KÖNIGSKIND

Schlafe ruhig, Königskind;
wie im Traume singt der Wind,
schweigend sitzt der Mond zu Haus,
gießt die weißen Strahlen aus,
gießt sie über das weite Land,
über Wald und Hügelwand.

Taube gurrt im dunklen Laub,
Käfer surrt und fliegt auf Raub,
Fischlein steht im Wasser still,
weiß nicht, ob es schwimmen will.
Was dir auch das Leben spinnt:
träume, Königskind!

Paula Dehmel

Papa geht ins Bett

Papa wollte nicht schlafen. Timmi hatte ihm freundlich gesagt: „Papa, ab ins Bett", aber Papa wehrte sich mit Händen und Füßen. Er lief ins Wohnzimmer, versteckte sich unter der gelben Decke und tat so, als wäre er nicht da.

„Ich bin noch gar nicht müde", grummelte Papa, musste dabei aber so gähnen, dass Timmi nur den Kopf schütteln konnte. Er zog Papa die Decke weg.

„Mama hat gesagt, du sollst nicht so spät ins Bett gehen, weil du morgen früh rausmusst."

Timmis Mama hatte heute zum ersten Mal ihren Yogakurs in der Volkshochschule. Unruhig war sie in der Wohnung umhergelaufen. Nach dem Finden des Haustürschlüssels und vor dem Vergessen des Fahrradhelmes hatte sie noch gesagt, dass Timmi Papa ins Bett bringen soll.

„Was?", hatte Timmi geschrien, aber da war Mama schon fort gewesen.

Also gut. Timmi spielte mit Papa noch Memory, bis es dunkel wurde, und wollte ihn nun ins Bett bringen.

„Ich will noch einmal Memory spielen", bettelte Papa. „Ich bin noch gar nicht müde."

74

Timmi seufzte, gab nach und ließ Papa sogar gewinnen. „Papa, jetzt geht es ins Bett."

Timmi ließ sich weder auf eine neue Memoryrunde noch auf ein Versteckspiel ein und zog Papa unter der gelben Decke hervor.

„Du hast mich ja noch gar nicht richtig gesucht", beklagte sich Papa.

„Das brauche ich auch nicht", sagte Timmi. „Du versteckst dich vor dem Schlafengehen immer unter der gelben Schmusedecke."

Timmi zog Papa die Treppe hinauf.

„Ich bin noch gar nicht müde", sagte Papa wieder, aber da war er schon im Badezimmer und saß auf der Toilette. Timmi ließ dazu den Wasserhahn laufen und holte Papas Schlafanzug vom Handtuchhalter. Widerwillig zog Papa seinen Schlafanzug an und bückte sich.

„Stell dir vor", sagte Timmi, „du sitzt am Meer und plötzlich schwappt eine Welle über dich hinweg."

Papa schloss die Augen und Timmi wischte ihm mit einem nassen Waschlappen wischi di wasch das Gesicht sauber. Papa musste lachen.

„Noch mal!", rief er und bückte sich wieder zu Timmi herunter.

Timmi machte wieder den blauen Waschlappen nass und sagte: „Stell dir vor, du sitzt am Meer und eine große Welle schwappt über dich hinweg."

Papa schloss die Augen und Timmi platschte den Waschlappen wie eine Welle in sein Gesicht.

„Noch mal!", rief Papa, aber Timmi schüttelte den Kopf.

„Jetzt ist es genug", sagte er, „jetzt werden erst mal die Zähne geputzt."
„Ich bin aber noch gar nicht müde", sagte Papa und presste ganz fest
seinen Mund zusammen, weil er sich nicht die Zähne putzen lassen
wollte.

Timmi seufzte und drückte eine dicke Zahnpastawurst auf die Borsten
der Zahnbürste.

„Papa, mach den Mund auf", sagte Timmi, „die Zahnbürste möchte auf
deinen Zähnen Walzer tanzen."

Papa lächelte und murmelte: „Tanzen ist immer gut."

Er bückte sich, biss die Zähne aufeinander und öffnete ein bisschen den Mund. Schrum, schrum di bum begann die Zahnbürste, auf Papas Zähnen Walzer zu tanzen.

„Mach den Mund ein wenig weiter auf, sonst kommt die Zahnbürste nicht in die Knutschecken", sagte Timmi.

Papa lachte, weil er dasselbe zu Timmi sagte, wenn er ihm die Zähne putzen wollte und Timmi den Mund nicht weit genug aufmachte.

„Wasch schind Schnutschnecken?", fragte Papa mit Schaum im Mund.

„Knutschecken sind dort, wo es dunkel ist und keiner sehen kann, wenn man sich küsst", sagte Timmi und ließ die Zahnbürste herumtanzen.

Der Mund schäumte, Timmi hielt Papa den bereits gefüllten Zahnputzbecher entgegen, damit er den Mund ausspülen konnte.

Genau wie Timmi beim Zähneputzen gurgelte auch Papa mit dem Ausspülwasser viel zu lange, bevor er es im hohen Bogen ins Waschbecken spuckte.

Danach füllte Papa wieder den Zahnputzbecher mit Wasser, spülte damit erneut den Mund aus und spuckte das Wasser wieder im hohen Bogen ins Waschbecken.

„Jetzt mach mal", drängelte Timmi, „wenn du weiter so herumklüngelst, gibt es keine Gutenachtgeschichte."

Das ließ Papa sich nicht zweimal sagen. Während Timmi schon die Zahnbürste von der Zahnpasta befreit hatte, stand der Zahnputzbecher auf der Ablage und nahm die Bürste in Empfang.

Eigentlich trug Papa immer Timmi auf seinen Schultern zum Hochbett, aber umgekehrt war es für Timmi viel zu schwer, Papa auf seinen

Schultern Platz nehmen zu lassen. Timmi nahm also Papa an die Hand und führte ihn in sein Schlafzimmer. Papa schlüpfte unter sein Oberbett und Timmi deckte ihn damit zu.

„Kann ich heute nicht in deinem Bett schlafen?", fragte Papa.

Timmi lachte und sagte: „Nein, Papa, mein Bett ist doch viel zu klein für dich, außerdem würde Mama dich vermissen."

Timmi konnte manchmal Mama überreden, dass er in dem großen Bett zwischen Mama und Papa schlafen durfte, aber in sein kleines Bett passten neben ihn nur noch Teddy Reinhard und Mondschaf Örschi hinein, dann war es voll.

„Wo bleibt meine Gutenachtgeschichte? Ohne eine Geschichte kann ich nicht schlafen", quengelte Papa und kuschelte sich in sein Bett.

„Ist ja gut, ist ja gut", beschwichtigte Timmi, „ich erzähle dir heute eine Geschichte von dem Papa, der nicht schlafen konnte."

Dann begann er: „Es war einmal ein Papa, der nicht schlafen konnte. Da erzählte ihm sein Sohn die Geschichte von dem Papa, der nicht schlafen konnte, aber noch immer wurde der Papa davon nicht müde und schlief nicht ein. Da erzählte ihm der Sohn so lange die Geschichte von dem Papa, der nicht schlafen konnte, bis der Papa davon ganz müde wurde und endlich einschlief."

„Chr, chr, chr, chr, chr!"

Timmi hatte es geschafft. Papa war von der Geschichte so müde geworden, dass er schnarchend schlief.

Timmi schlich leise aus dem Zimmer, als ihm Mama entgegenkam. Ihr Yogakurs war zu Ende, und sie staunte Bauklötze, als sie Timmi die Treppe herunterkommen sah.

„Was ist denn hier los?", flüsterte Mama.

„Es ist alles in Ordnung", flüsterte Timmi. „Papa ist am Schlafen und seine Zähne sind auch geputzt."

Mama schüttelte den Kopf: „Warum liegt denn Papa im Bett? Du solltest doch schlafen gehen und nicht Papa."

Timmi war ganz erstaunt. „Ich sollte ins Bett?", fragte er überrascht.
„Du hast doch gesagt, dass ich…"
Mama ließ Timmi nicht ausreden. Sie musste lachen.
„Nein, da habe ich mich vertan", sagte sie. „Natürlich bringen die Eltern die Kinder ins Bett."
Timmi verdrehte die Augen. „Du wolltest, dass Papa mich ins Bett bringt, und nun habe ich Papa ins Bett gebracht?"
Mama nickte. „Das hast du sehr gut gemacht, mein kleiner Held, aber nun ist auch für dich Zubettgehzeit", sagte sie.
Timmi grinste: „Oder soll ich dich ins Bett bringen…?"

Erwin Grosche

SIMON WIRD ERFINDER

„Simon, Zeit zum Schlafengehen!", mahnt Mama am Abend immer wieder. Doch Simon tut so, als habe er nichts gehört, und malt weiter an den Entwürfen für seine Ritterausstattung herum. Das Wappen kann er sich leider noch nicht ausdenken, denn vielleicht finden seine Freunde, Ritter Löwenherz und Ritter Feuerschwert, den Namen Ritter von Burg Wolkenstein doch nicht so toll. Oder womöglich haben sie sich sogar noch einen viel schöneren Ritternamen für Simon ausgedacht. Dann soll es auf keinen Fall am Wappen scheitern.

„Simon!" Mama klingt sehr zornig. Wenn Simon sie noch mehr verärgert, backt sie vielleicht doch keinen Streuselkuchen für das Ritterturnier morgen. Das hat sie nämlich selber vorgeschlagen, als sie erfahren hat, dass Simon Ritter wird. Und Papa hat versprochen, Simon bei seiner Ritterausrüstung zu helfen. Er hat sogar schon einen wunderbaren Schild aus echtem Blech für Simon, ein rundes Kuchenblech, das früher einmal seinem Urgroßvater, der Bäckermeister war, gehört hat. Beinahe hätte Papa das wunderbare Kuchenblech beim Umzug weggeworfen. Aber Mama hat es zum Glück verhindert.

„Vielleicht kann man das Kuchenblech doch irgendwann noch einmal gebrauchen", hat sie gesagt.

Und jetzt gehört es Simon. Sie müssen es nur ein wenig mit Sandpapier abschmirgeln, damit der Rost weggeht. Und in der Mitte will Papa einen Griff anbringen.

„Und sobald dein Wappen feststeht, werden wir es noch schön bemalen", hat Papa ihm versprochen. Simon hat glücklich genickt. Ja, Mama und Papa sind wirklich schwer in Ordnung. Deshalb würde Simon allein schon Mama und Papa zuliebe so gern ins Bett gehen.

Wenn nur die Angst nicht wäre! In Simons Bauch ist es eiskalt und seine Knie schlottern wie Wackelpudding. Weil bestimmt der Menschenfresser wieder auf ihn lauert, im Schrank, hinter den Gardinen, unter seinem Bett.

Mama seufzt, Papa schaut von seinem Buch auf. Auch er klingt ungeduldig und gereizt, als er sagt: „Willst du nicht endlich ins Bett gehen,
Simon?"

„Nö, lieber nicht", murmelt Simon.

„Das hat er doch noch nie gehabt." Papa schaut Mama ratlos an.
Die zuckt die Schultern.

„Vielleicht der Albtraum letzte Nacht", überlegt sie laut. Sie streicht
Simon übers Haar und fragt teilnahmsvoll: „Ist es der Menschenfresser,
mein Schatz?"

Simon nickt.

„Ein Ritter braucht sich vor Menschenfressern nicht zu fürchten", versucht Papa ihm Mut zu machen.

„Doch", beharrt Simon. „Ritter sind auch Menschen."

Da legt Papa Simon die Hand unters Kinn und sagt sehr lieb: „Das war
nur ein böser Traum, Simon. Hier ist kein Menschenfresser."

„Doch", knurrt Simon. Weil Mama und Papa ihm nicht glauben wollen,
malt er schließlich ein Bild von dem Ungeheuer.

„So sieht der Menschenfresser in meinem Zimmer aus", sagt Simon
und hält das Bild der Mama und dem Papa unter die Nase.

„Huuh!" Mama schüttelt sich. Papa aber sagt: „Wenn man vor der
Angst wegläuft, wird sie nur noch größer."
Er nimmt Simon fest an die Hand. „Komm, ich helfe dir,
Simon! Wir schauen in allen Ecken nach."
Doch Simon ist inzwischen noch eine viel bessere Idee ge-
kommen. Er marschiert ins Badezimmer, zerreißt das Bild
vom Menschenfresser in viele kleine Schnipsel und spült
sie alle im Klo hinunter.

„So, jetzt ist er weg, ratze-butze weg", sagt Simon zufrieden.

„Eine tolle Erfindung!", ruft Papa begeistert. Simon nickt und strahlt.

„Unser Erfinder!" Mama nimmt Simon lachend in die Arme.

Später jedoch, im Bett, im Dunkeln, wird Simon trotzdem wieder ziemlich bange. Wenn der Menschenfresser nun schwimmen kann oder gar zaubern? Womöglich hat er sich wieder ganz gemacht, ist aus dem Klo geklettert und lauert nun auf Simon, um sich an ihm zu rächen?!

Simon will schon nach Mama und Papa schreien. Da fällt ihm ein, dass das gewiss nicht sehr ehrenvoll für einen Ritter wäre.

Deshalb nimmt er all seinen Mut zusammen und singt stattdessen das Lied vom tapferen Seemann. Singen hilft nämlich manchmal auch.

Dreimal singt Simon das Lied, dann wird das scheußliche Kribbeln in seinem Bauch endlich ein bisschen kleiner. Und als ihm wieder einfällt, wie Jasmine, das Ritterfräulein Duftende Blume, ihn heute geküsst hat, hört es ganz auf.

„Wie haben wir das gemacht, Schlenkerbein?", fragt Simon stolz.

Dann nimmt er seine Schlafmaus fest in den Arm und kriecht mit ihr tief unter die Bettdecke. Denn sicher ist sicher.

Monika Hartig

LÜGENLIED ZUM EINSCHLAFEN

Mein Onkel kommt aus Tibetan.
Am Sonntagmorgen kommt er an
und mit ihm kommt die Tante.
Sie bringen mir ein Nilpferd mit,
die wachsen da auf Schritt und Tritt.
Hast du dort auch Verwandte?

Mein Vetter wohnt am Gelben Meer.
Der hat als Haustier einen Bär
und schießt mit Pfeil und Bogen.
Und kommt er mal zu mir nach Haus,
dann geh ich mit dem Bären aus.
Meinst du, das wär gelogen?

Mein Bruder lebt in Ifraka.
Seit hundert Jahren lebt er da
und tut dort nichts als rauben.
Er ist als Räuber sehr bekannt
und holt mich später in sein Land.
Willst du mir das nicht glauben?

Mein Opa stammt aus Pudistan.
Er ist ein sehr gelehrter Mann,
denn er trinkt täglich Tinte.
Bald schickt er mir ein Fass voll her,
dann bin ich auch so klug wie er.
Denkst du, dass das nicht stimmte?

Ich selbst fahr bald nach Nirgendwo.
Da wachsen nämlich irgendwo
die kurzen Lügenbeine.
Da kauf ich mir fünfhundert Paar,
die reichen wohl bis nächstes Jahr.
Hast du bis jetzt noch keine?

Dann kneif jetzt mal die Augen zu
und denk dir einfach, nun wärst du
ins Traumland reingeflogen.
Im Traum, das ist ganz sonderbar,
da werden nämlich Wünsche wahr.
Und gar nichts ist gelogen.

Norgard Kohlhagen

DER MUTIGE MALTE

Tief, tief im finsteren Wald lag gut versteckt hinter dunklen Tannen und fernab jeden Weges eine Räuberhöhle. Dort lebte der mutige Malte zusammen mit seiner Räubermama und seinem Räuberpapa.

Die Dämmerung hatte sich schon wie ein dunkler Mantel über den Wald gelegt, doch in der Räuberhöhle knisterte ein gemütliches Feuer.

„Hast du die Zähne geputzt, dir Hals, Gesicht und Hände gewaschen?", fragte die Räubermama, als Malte in sein Bett kletterte.

„Ja", knurrte er widerwillig.

„Dann machen dein Vater und ich uns jetzt auf den Weg zur Räuberversammlung", sagte die Mama.

„Warum darf ich denn nicht mitkommen?", fragte Malte.

„Weil du ein Kind bist!", polterte der Papa, während er noch einige Holzscheite ins Feuer warf. „Und auch Räuberkinder müssen um Punkt sieben Uhr ins Bett. Räubergesetz!"

„Immer die blöden Gesetze!", schimpfte Malte und verschränkte die Arme vor der Brust.

„Wir sind bestimmt schnell wieder zurück", sagte die Räubermama und gab ihrem Sohn einen Gutenachtkuss. Dann ergänzte sie leise: „Und falls du so ganz allein Angst bekommst, hast du ja deinen Teddy…"

Maltes Räuberpapa hatte vom vielen Auf-der-Lauer-Liegen und Lauschen Ohren wie ein Luchs und deshalb hatte er jedes Wort verstanden. Kopfschüttelnd rief er: „Was soll denn dieser Unsinn, Frau? Ein echter Räuber hat vor nichts und niemandem Angst!"

„So wie du, ich weiß…", sagte die Mama augenzwinkernd.

„Ein echter Räuber braucht keinen Teddy!", rief Malte dazwischen und beförderte den Bären unsanft aus dem Bett.

„Dann mach jetzt schön die Augen zu und schlaf gut, mein kleiner Räuber", lächelte die Mama. Sie wuschelte ihrem Sohn zum Abschied noch einmal durch die lockigen Haare, dann folgte sie ihrem Mann in den dunklen Wald hinaus.

„Und dass du mir nur ja in der Höhle bleibst!", brüllte der Räuberpapa. „Denk an die Wölfe. Die machen mit dir kurzen Prozess!"

„Mach ich, Papa!", brüllte der mutige Malte zurück. Dann winkte er seinen Eltern hinterher, bis sie zwischen den Bäumen und Sträuchern im Wald verschwunden waren.

Malte streckte sich und gähnte herzhaft. Dieses ewige Pfeileschnitzen, Messerschleifen, Löcherbuddeln und Auf-der-Lauer-Liegen war schon ganz schön anstrengend. Also drehte er sich auf die Seite, schaute den tanzenden Flammen noch ein bisschen zu und im nächsten Moment war er eingeschlafen.

Als er wieder aufwachte, lag die Räuberhöhle in vollkommener Dunkelheit. Durch den Höhleneingang konnte Malte die Sterne am Himmel sehen.

„Mama?", fragte Malte. Keine Antwort.

„Papa?" Wieder nichts. Er war allein.

Regungslos lauschte Malte auf das Heulen des Windes. Er fröstelte und plötzlich wünschte er sich nichts sehnlicher als seinen Teddy. Doch der lag nun irgendwo in der stockdunklen Höhle. Warum hatte er ihn bloß weggeworfen?

„Ich brauche ein Feuer", murmelte Malte schließlich. Lautlos schlüpfte er aus seinem Bett und legte Reisig und Äste in die noch glimmende Glut. „So ist es schon besser!", seufzte er, als die Flammen hell aufloderten und alles um ihn herum in ein wohliges Licht tauchten. Was jedoch dahinter lag, blieb schwarz und undurchdringlich. Schwarz waren auch die unheimlichen Schatten an der Höhlenwand.

Malte schluckte. Spielten ihm die Schatten einen Streich oder schlichen da wirklich Dinosaurier und zottelige Wölfe mit furchtbar langen Zähnen durch die Höhle? Malte wurde ganz schwindlig.

Mit zitternden Händen schaufelte er schnell Sand auf das Feuer und erstickte die Flammen wieder. Endlich waren die Schattenbilder verschwunden und die Höhle lag wieder im Dunkeln.

Doch gerade als Malte erleichtert aufatmen wollte, raschelte es im Unterholz, Äste knackten, und der Wind heulte wie ein hungriger Wolf um die Höhle. Malte bekam eine Gänsehaut. Bildete er sich das nur ein oder kam das Jaulen tatsächlich näher?

Langsam tastete sich Malte rückwärts in die Höhle hinein, weg vom Eingang. Nur noch ein paar Schritte, dann hätte er sein Bett erreicht und konnte unter die Decke schlüpfen. Da streifte sein Fuß plötzlich etwas Weiches, Flauschiges, fast wie das Fell eines Bären ... oder das eines Wolfes! Mit einem Satz sprang Malte in sein Bett und zog sich die Decke über den Kopf. War der Wolf schon in der Höhle? Direkt neben seinem Bett? Plötzlich hielt Malte die Luft an.

„Das Fell eines Bären ...?", flüsterte er.

Es dauerte einen Moment, aber dann schleuderte Malte die Decke zur Seite, beugte sich über den Bettrahmen und hielt im nächsten Moment seinen völlig verstaubten Teddy im Arm.

„Teddy! Mein Teddy!", murmelte er und drückte den Plüschbären ganz fest an sich. Erschöpft sank Malte in sein Kissen und deckte sich und seinen Teddy gut zu.

Als die Räubermama und der Räuberpapa später in der Nacht endlich wieder nach Hause kamen, schlief Malte tief und fest, den Teddy fest in seinen Armen.

„Siehst du", sagte die Mama zum Papa, „auch ein echter Räuber braucht manchmal ein Kuscheltier."

Da lächelte der Papa und gab seinem Sohn vorsichtig einen schmatzenden kratzigen Räubergutenachtkuss.

Alexandra Fischer-Hunold

ICH KANN NICHT SCHLAFEN,
SAGTE DIE KLEINE MAUS

„Ich kann nicht schlafen", sagte die kleine Maus.

„Warum denn nicht?", fragte Papa Maus.

„Hier ist es zu dunkel!"

Da zündete Papa Maus ein Licht an.

„Das Kissen ist zu hart!", sagte die kleine Maus.

Da holte Papa Maus ein weiches Kissen für die kleine Maus.

„Die Tür ist zu!", sagte die kleine Maus.

Da öffnete Papa Maus die Tür.

„Unter dem Bett sitzt ein riesiger Kater", sagte die kleine Maus. „Wenn du fortgehst, frisst er mich auf."

Papa Maus strich der kleinen Maus behutsam über das Fell. Und dann sagte er: „Kennst du die Geschichte von der kleinen Maus, die nicht einschlafen konnte?"

„Nein!", rief die kleine Maus.

„Ich werde sie dir erzählen", sagte Papa Maus. Er setzte sich zur kleinen Maus aufs Bett und erzählte:

„Es war einmal eine kleine Maus, die lag in ihrem Bett und konnte nicht einschlafen. Ihr Kissen war weich.

Eine Lampe brannte hell neben ihrem Bett.

Auf dem Bett aber saß Papa Maus.

Und unter dem Bett? Was war unter dem Bett…?"

„Ein riesiger Kater!", rief die kleine Maus dazwischen.

„Richtig!"

„Und da klopfte Papa Maus ganz fest auf das Federbett und verscheuchte den riesigen Kater."

Aber was war das? Entsetzt schrie die kleine Maus: Etwas Gestreiftes rannte unter ihrem Bett hervor, durch die Tür und in die Nacht hinaus.

„Jetzt ist der Kater fort", sagte Papa Maus lächelnd. Er stand auf und verschloss die Tür.

„Nun kann er nicht mehr herein!", rief die kleine Maus froh. Und dann lachten die kleine Maus und Papa Maus so sehr, dass ihre Bäuche wackelten.

„Nun ist meine Geschichte aus", sagte Papa Maus.

Und er sang ganz leise:

> „Schlaf, kleine Maus.
> Die Katz ist nicht im Haus.
> Sie streift im dunklen Wald herum,
> dabei wird ihr der Schnurrbart krumm.
> Schlaf, kleine Maus."

Die kleine Maus aber war schon eingeschlafen.

Antonie Schneider

DIE MONDNACHT

Es war, als hätt' der Himmel
Die Erde still geküsst,
Dass sie im Blütenschimmer
Von ihm nun träumen müsst'.

Die Luft ging durch die Felder,
Die Ähren wogten sacht,
Es rauschten leis die Wälder,
So sternklar war die Nacht.

Und meine Seele spannte
Weit ihre Flügel aus,
Flog durch die stillen Lande,
Als flöge sie nach Haus.

Joseph von Eichendorff

HUTELLA UND IHRE TIERE

Mitten im Wald, da wo der Tannenwald aufhört und der Buchenwald anfängt, wohnte die kleine Hexe Hutella mit ihrem Raben Titus und ihrem Kater Tonio in einem hübschen Holzhäuschen.

Ganz in der Nähe gluckerte ein munterer Bach und auf der ebenfalls nicht weit entfernten Waldwiese gab es immer etwas zu sehen. Rehe zum Beispiel und Hasen, auch Frösche und Igel. Und nachts sogar tanzende Elfen!

Titus und Tonio fühlten sich bei der kleinen Hexe sehr wohl. Sie aßen mit ihr an einem Tisch und schliefen im selben Bett wie sie. Tagsüber gingen sie zusammen im Wald spazieren und abends spielten sie drinnen im Häuschen Rabenquartett, Schwarzer Kater oder Hex-ärgere-dich-nicht.

Wenn es Zeit wurde, schlafen zu gehen, erzählte Hutella ihren Tieren immer eine Gutenachtgeschichte. Niemals dieselbe und unbedingt eine, die gut ausging. Darauf legten Titus und Tonio großen Wert.

Manchmal, sehr selten, verließen der Rabe und der Kater tagsüber ohne Hutella das Haus. Pünktlich bei Sonnenuntergang waren sie jedoch wieder da. Hutella machte sich nämlich Sorgen, wenn ihre Tiere in der Dunkelheit allein unterwegs waren. Wie leicht konnte einer von ihnen dem Wolf begegnen! Die kleine Hexe hatte ihn zwar noch nie gesehen, aber sie hatte schon viel Schlimmes über ihn gehört.

„Der Wolf ist ein gefährlicher Bursche!", sagte der Fuchs. „Schon mein Vater hat mich vor ihm gewarnt."

„Seine Augen glühen wie gelbe Laternen!", sagte der Igel. „Damit sieht er auch in der finstersten Nacht."

„Er lügt und betrügt, wo er geht und steht!", sagte das Reh. „Deshalb hat er keinen einzigen Freund."

„Er wird nie satt", sagte der Hase.

„Darum hält er dauernd Ausschau nach neuer Beute."

Manchmal dachte Hutella: Wer weiß, ob das alles stimmt!

Aber weil sie eine vorsichtige kleine Hexe war und ihre Tiere vor allem Bösen bewahren wollte, hatte sie mit ihnen ausgemacht, dass sie nachts nur zu dritt aus dem Haus gingen.

„Wir lassen uns zwar nicht Bange machen", hatte sie gesagt. „Wenn wir zu dritt sind, traut sich der Wolf bestimmt nicht an uns heran."

Titus und Tonio sahen das ein. Als beim nächsten Vollmond auf der Waldwiese ein großes Fest gefeiert werden sollte, warteten sie geduldig, bis sich die kleine Hexe vor dem Spiegel hübsch gemacht hatte. Danach verließen sie zusammen das Haus.

Es wurde ein sehr schönes Fest. Die Hasen hatten saftigen Möhrenkuchen und die Eichhörnchen knusprige Nussplätzchen gebacken.

Die Frösche gaben ein vielstimmiges Konzert und die Elfen tanzten so schwebend leicht wie noch nie.

Zum Schluss durften alle, die Lust hatten, mittanzen. Das ließen sich Hutella, Titus und Tonio nicht zweimal sagen!

Als sich die Tänzer zwischendurch einmal ausruhten, ertönte im Wald ein anhaltendes Heulen, bald tief und bald hoch, bald laut und bald leise. Auf der Waldwiese entstand große Aufregung.

„Das ist der Wolf!", sagte der Hirsch. „Er heult, weil ihn keiner eingeladen hat."

„Wahrscheinlich ärgert er sich", quakten die Frösche.

„Am liebsten möchte er uns an den Kragen", grunzten die Wildschweine.

„Wir sollen uns vor ihm fürchten", wisperten die Elfen.

Vielleicht heult er auch, weil er allein ist!, dachte Hutella. Aber sie sprach diesen Gedanken nicht aus. Die Frösche begannen nämlich gerade mit einem neuen Konzert. Und als sie aufhörten, war auch das Heulen verstummt.

„Der Kerl ist anscheinend weg!", krächzte Titus.

„Zum Glück!", fauchte Tonio. „Hoffentlich hören wir seine Stimme nie wieder!"

Doch dieser Wunsch ging leider nicht in Erfüllung. Als die kleine Hexe, der Rabe und der Kater am nächsten Tag beim Abendbrot saßen, heulte es direkt vor ihrer Tür.

„Das kann nur der Wolf sein!", sagte Titus.

„Will er etwa herein?", fragte Tonio.

Tatsächlich klopfte es jetzt. Dann heulte es wieder. Es klopfte und heulte, klopfte und heulte.

„Wer ist da?", rief Hutella, obwohl sie es ganz genau wusste.

„Ich bin's, der Wolf!", heulte es draußen. „Kleine Hexe, du musst mir helfen! Ich habe mir einen Dorn in die Pfote getreten."

„Er lügt!", krächzte Titus.

„Er hat bestimmt Böses im Sinn!", fauchte Tonio.

Hutella schüttelte den Kopf und sagte: „Sein Heulen klingt heute anders als gestern. Eher kläglich als drohend!"

„Meine Pfote tut weh!", heulte es draußen. „Und sie blutet!"

Der Rabe und der Kater krächzten und fauchten wild durcheinander. Aber die kleine Hexe war nachdenklich geworden. Wenn der Wolf wirklich verletzt war, konnte sie ihn nicht einfach draußen stehen lassen, sondern musste ihm helfen.

Nach kurzem Überlegen befahl sie Titus, auf die Wäscheleine zu fliegen, und Tonio, auf den Kachelofen zu klettern.

„Da seid ihr in Sicherheit", sagte sie. „Ich selbst werde schon auf mich aufpassen." Dann öffnete sie vorsichtig die Tür.

Ja, da stand der Wolf! Aber er sah gar nicht gefährlich aus. Jämmerlich heulend humpelte er an Hutella vorbei, ließ sich auf den nächsten Stuhl fallen und hob eine Vorderpfote. Blut tropfte herunter.

Schnell holte die kleine Hexe eine Pinzette, Verbandszeug und heilende Kräuter. Als sie dem Wolf den Dorn mit der Pinzette herauszog, heulte er so laut wie noch nie. Als sie ihm die Kräuter auf die Wunde legte, jammerte er nur noch leise. Und als sie ihm das Verbandszeug darumwickelte, seufzte er vor Behagen.

„Jetzt bin ich wieder gesund", sagte er. „Und Hunger habe ich auch."

Er warf einen begehrlichen Blick auf den Tisch, wo Brot und Butter, Wurst und Schinken, Käse und Pudding bereitstanden.

„Darf ich vielleicht mitessen?", fragte er höflich.

Der Rabe auf der Wäscheleine schlug mit den Flügeln. Der Kater auf dem Kachelofen peitschte mit dem Schwanz.

Die kleine Hexe lachte und sagte: „Kommt, ihr zwei! Der Wolf wird euch bestimmt nichts tun."

„Ich?", fragte der Wolf. „Wieso sollte ich euch denn etwas tun? Wenn ich zum Abendessen eingeladen werde, benehme ich mich vortrefflich. In Gesellschaft bin ich der netteste Kerl der Welt."

Da setzten sich alle vier an den Tisch und ließen es sich schmecken. Der Wolf aß mehr Wurst und Schinken als Brot, aber das nahm ihm keiner übel.

Als es Zeit war, schlafen zu gehen, sagte die kleine Hexe: „Es ist schon spät. Willst du vielleicht hier übernachten?"

„Ja, gern!", antwortete der Wolf. „Natürlich nur, wenn keiner von euch etwas dagegen hat."

„Meinetwegen kannst du bleiben", sagte Titus.

„Am besten schläfst du auf dem Bettvorleger", sagte Tonio.

Das war wirklich ein brauchbarer Vorschlag. Das fand auch Hutella. Sobald es sich alle vier richtig gemütlich gemacht hatten, erzählte sie die Gutenachtgeschichte, natürlich eine, die gut ausging – genau wie die, die sie und ihre Freunde gerade erlebt hatten.

Ingrid Uebe

NEIN! ICH BIN NICHT MÜDE
UND ICH GEH NICHT SCHLAFEN

Ich habe eine jüngere Schwester, die heißt Pia. Sie ist klein und richtig komisch. Manchmal muss ich auf sie aufpassen. Hin und wieder bitten mich Mama und Papa, Pia dazu zu bringen, schlafen zu gehen. Das ist Schwerstarbeit, weil Pia gerne lang aufbleibt.

Pia bleibt lange auf, um zu malen und zu kritzeln und zu kleistern und zu zappeln und zu hopsen, aber am allerliebsten, um zu schwatzen.

Wenn ich sage: „Pia, Mama sagt, dass es Zeit zum Schlafengehen ist", sagt sie gewöhnlich: „Nein! Ich bin nicht müde und ich geh nicht schlafen."

Ich sage: „Aber alle Vögel sind schon in ihren Nestern."

Sie sagt: „Ich bin doch kein Vogel, Charlie."

„Aber du musst doch ein bisschen müde sein, Pia", sage ich.

Pia sagt: „Ich bin nicht das kleinste bisschen müde, weder um sechs Uhr noch um sieben Uhr noch um acht Uhr. Und um neun Uhr bin ich genauso wach wie um zehn, elf oder zwölf. Und wahrscheinlich werde ich auch noch morgen früh um ein Uhr munter sein."

Pia sagt, dass sie nie müde ist.

Eines Abends sage ich: „Aber ohne Schlafenszeit gibt's auch keinen Gutenachttrunk und heute sollte es eigentlich rosa Milch geben." (Pia liebt rosa Milch wirklich über alles.) „Willst du nicht schlafen gehen?"

„Aber, Charlie", sagt Pia, „wenn ich rosa Milch kriege, wollen die Tiger auch rosa Milch haben."

„Tiger", sage ich. „Welche Tiger?"

„Die Tiger, die hier am Tisch sitzen und auf ihren Gutenachttrunk warten, Charlie. Tiger werden sehr ungemütlich, wenn man sie warten lässt."

Also mixe ich Pia und den drei Tigern rosa Milch. Dann sage ich: „Komm, putzen wir uns die Zähne."

Da sagt Pia: „Aber, Charlie, ich kann mir nicht die Zähne putzen, weil gerade jemand meine Zahnbürste auffrisst."

„Wer wird denn deine Zahnbürste auffressen?", frage ich.

Pia sagt: „Ich glaube, es ist dieser Löwe. Ich hab gesehen, wie er sich die Zähne mit meiner Zahnbürste geputzt hat. Jetzt schlingt er gerade alles runter."

„Aber da ist doch deine Zahnbürste, Pia", sage ich.

„Oh", sagt Pia, „dann muss er deine benutzt haben."

Also putzen Pia und ein Löwe sich die Zähne.

Dann sage ich: „Du musst in die Wanne, du siehst ein bisschen dreckig aus."

„Wer sagt das?", fragt Pia.

„Mama", sage ich. „Sie kommt in einer Minute nachschauen."

Und was meinst du, was Pia da sagt?

„Aber, Charlie, ich kann doch wegen der Wale nicht in die Wanne."

„Welche Wale? Wo?", frage ich und schaue mich um.

„Die Wale, die in der Badewanne rumschwimmen, machen sich so dick", sagt sie.

„Und was soll ich deiner Meinung nach dagegen tun?", frage ich.

„Vielleicht kannst du mir dabei helfen, einen Wal durch den Abfluss zu scheuchen", sagt Pia.

Also helfe ich Pia, einen Wal durch den Abfluss zu scheuchen.

Und dann steigt Pia in die Wanne.

„Pia", sage ich. „Wo ist dein Schlafanzug?"

„Ich hab keinen Schlafanzug, Charlie", sagt sie.

Ich sage: „Was ist mit dem unter deinem Kopfkissen?"

„Das ist nicht mein Schlafanzug", sagt Pia und schüttelt den Kopf.

„Nein, nein, dieser Schlafanzug gehört zwei Tanzhunden."

„Glaubst du, sie leihen dir ihren Schlafanzug aus?", frage ich.

„Vielleicht", sagt Pia. „Aber du solltest sie lieber vorher anrufen."

Also gehe ich zum Telefon, um die zwei Tanzhunde anzurufen.

„Was haben die gesagt?", fragt Pia.

„Sie haben gesagt, dass dir der Schlafanzug besser steht als ihnen.

Du kannst ihn tragen, wann immer du willst."

„Das ist nett von ihnen", sagt sie. Dann zieht Pia ihren Schlafanzug an.
Endlich ist Pia so weit und ich sage: „Hör zu, Pia, ich hab drei Tigern
einen Gutenachttrunk gemixt, und ich hab einem Löwen dabei zuge-
schaut, wie er meine Zahnbürste verputzt hat, und ich hab einen Wal
durch den Abfluss gescheucht, und ich hab mit zwei Tanzhunden we-
gen eines Schlafanzugs telefoniert. Wirst du jetzt ins Bett hopsen?"
Pia sagt: „Jaja, Charlie, ich hopse, ich hopse…"
„Aber, Charlie…", sagt Pia.
„Sag's nicht", sage ich. „Ich wette, ich kann's raten. In deinem Bett liegt
ein Riesenrhinozeros."
Und weißt du, was Pia sagt?
„Sei nicht albern, Charlie, ich würde doch kein Rhinozeros in mein Bett
lassen. Aber ich glaub, in deinem liegt eins", sagt Pia und klettert in ihr
Bett. „Gute Nacht, Charlie. Gute Nacht, Rhinozeros."
„Gute Nacht, Pia."

Lauren Child

Jonas und die Nachtgespenster

Wenn Jonas nachts im Bett liegt, scheint sich alles zu verwandeln. Der Stuhl neben seinem Bett ist plötzlich eine Riesenspinne mit langen, dünnen Beinen. Wenn Jonas' Hose und seine Pulloverärmel von der Sitzfläche baumeln, scheint sie noch mehr Beine zu haben.

Manchmal flitzen sogar fliegende Wesen durch sein Zimmer! Wenn das Fenster offen steht und Wind ins Zimmer fegt, heben sie plötzlich vom Schreibtisch ab und rascheln dabei gefährlich mit ihren weißen, papierdünnen Flügeln – Jonas hält dann jedes Mal den Atem an. Sie gleiten vor dem Regalmonster – dem mit den vielen Pflanzen obendrauf – durch die Luft, und das Regalmonster fängt an, grimmig seinen Blätterkopf zu schütteln.

Doch vor dem schweren, alten Schrankungetüm nehmen sich sogar die fliegenden Wesen in Acht. Wenn es anfängt, zu brummen und zu knurren, kauern sie scheu auf dem Boden.

Das Schrankungetüm muss ein gewaltiger Herrscher sein. Vor langer Zeit ist es aus Großmutters Wohnung hierhergekommen. Es ist schon uralt. Wie alt, kann Jonas sich gar nicht vorstellen. So alt jedenfalls, dass es immer vor sich hin knarrt und knarzt. Auch wenn niemand im Zimmer auf und ab geht. Ein dunkles, lang gezogenes Knarren und Knarzen, bei dem Jonas nachts ein kalter Schauer über den Rücken läuft.

Paul ist Jonas' älterer Bruder. Er schläft im Bett gegenüber und scheint sich nie zu fürchten. Manchmal schnarcht er. Tief und erwachsen klingt das schon.

Jonas hat ihm bisher nichts von den Riesenspinnen, Blättermonstern, sprechenden Schränken und fliegenden Wesen erzählt. In dieser Nacht wacht Jonas wieder auf und hört den Blätterkopf vom Regalmonster rauschen, das Schrankungetüm stöhnen, die Stuhlspinne setzt unruhig ein Bein vors andere und die bösen Fluggespenster schlagen raschelnd ihre weißen Flügel.

Jonas wagt sich nicht zu rühren. Er würde gern zu seinen Eltern laufen, aber dafür müsste er aus dem Bett und quer durch das Zimmer, an all den Gespenstern und Monstern vorbei!

Plötzlich hört er ein Husten. Mit einem Ruck sitzt Jonas gerade.

„Ich bin's nur … hab ich dich geweckt? Tut mir leid", murmelt sein Bruder Paul schläfrig.

„Schon gut … ich hab mich nur grad ein bisschen gefürchtet", gesteht Jonas jetzt. Sein Puls rast.

Paul gähnt, er scheint erst langsam richtig wach zu werden.

„Vor den Gespenstern hier?", fragt er dann.

„Hm", macht Jonas.

Einen Moment schweigen beide.

Dann fragt Jonas leise: „Hast du denn … gar keine Angst vor ihnen?"

Paul holt einmal tief Luft.

„Angst? Warum soll ich denn Angst haben?"

Jonas erkennt jetzt das Gesicht seines großen Bruders im Dunkeln. Seine Haare fallen ihm verwegen in die Stirn.

Auf einmal steht Paul entschlossen auf und schließt das Fenster. Dann setzt er sich zu Jonas aufs Bett und greift nach seiner Hand.

„Woher willst du denn wissen, dass es böse Gespenster sind? Bist du dir da sicher? Können es nicht auch gute Gespenster sein oder lustige oder trottelige oder... Warum ausgerechnet böse Gespenster?"

Pauls Blick gleitet hinüber zur Riesenspinne, die friedlich vor sich hin kauert, vielleicht sogar schläft.

„Hm, so habe ich das noch nie gesehen", murmelt Jonas.

Gute Gespenster? Lustige Gespenster? Trottelige Gespenster? Vielleicht auch schusselige, ängstliche Gespenster?

„Weißt du", fährt sein Bruder mit tiefer Stimme fort, „ich hab angefangen, mich mit ihnen anzufreunden, nachdem ich gemerkt hab, dass sie ganz harmlos sind. Ich weiß, unsere Eltern sagen, es gibt überhaupt

keine Gespenster. Das glaub ich nun wieder nicht. Hörst du das Schrank-
gespenst rülpsen? Das hat so richtig gut zu Abend gegessen und ist jetzt
ordentlich am Verdauen. Und das Krakengespenst…"

„Das Krakengespenst? Wer ist das denn?"

„Na, das mit den vielen Beinen, Fangarmen und so weiter. Das hier
direkt neben deinem Bett!"

„Ach, das ist bei dir ein Krakengespenst? Bei mir ist das die Riesenspinne!"

„Das ist jedenfalls ziemlich schüchtern, hab ich festgestellt. Duckt sich
und hält den Atem an, wenn man an ihm vorbeigeht. Treu und anhänglich ist es auch: rückt keinen Zentimeter von deinem Bett. Ist dir das
schon mal aufgefallen? Das will dich nämlich vor bösen Träumen beschützen. Mit seinen vielen dünnen Fangarmen erwischt es sie alle, da
kommt keiner mehr an dich ran. Das nimmermüde Krakengespenst ist
ein guter Kerl!"

„Hm, vielleicht hast du recht. Es stimmt, anhänglich ist es wirklich.
Und … magst du auch die Fluggespenster?"

„Ach, du meinst die Könige der Luft? Möchtegern-Könige, sollte ich bes-
ser sagen. Die sind sehr jung, die gehen noch auf die Gespenster-Flug-
schule. Wenn du morgens Lesen und Schreiben lernst und ich, wie eine
Wüste oder ein Regenwald entsteht, dann lernen sie, wie man durch die
Luft fliegt, ohne abzustürzen, und wie man nachts ganz leise und ohne
Licht landet."

„Meinst du?"

„Da bin ich ganz sicher", sagt Paul und fügt noch hinzu: „Andere Leute
haben einen Hund im Hof, der sie bewacht, oder einen Papageien, der
laut loskräht. Wir haben eben unsere Gespenster, so ist das nun
mal."

Jonas, der die ganze Zeit aufrecht im Bett gesessen und
vor Anspannung nasse Hände bekommen hat, legt sich
endlich wieder zurück in sein Kissen.

„Guck mal, was passiert, wenn ich den Schleierfisch an seinen langen Flossen ziehe!", ruft Paul. Er hat nicht nur keine Angst vor den Gespenstern, er neckt sie auch noch!

Jonas sieht, wie sein Bruder jetzt eine Hand nach dem Vorhang ausstreckt und ihn sanft hin und her schwingen lässt. Dann schaut er nach oben.

Jonas kann dort nur das Vogelgespenst erkennen, das dickbäuchig an der Decke hängt und sich tagsüber in eine komische runde Lampe aus Pauspapier verwandelt, die seine Mutter gebastelt hat. Doch auf einmal fächert der Schleierfisch seine langen Flossen auf, Licht und Schatten huschen über die Wand. Hin und zurück. Es ist unglaublich.

„Woher kommen die denn plötzlich?", flüstert Jonas aufgeregt.

„Von draußen, es sind Lichtgespenster, die in den Straßenlaternen und in den Scheinwerfern der Autos wohnen … bis wir sie mithilfe des Schleierfischs zu uns einladen!"

„Lass uns noch mehr von denen einladen … von den Lichtspielgespenstern!" Jonas kann kaum glauben, was er da eben gesagt hat.

Paul zieht den Schleierfisch noch einmal an einer seiner langen Flossen und wieder wandern, nein, tanzen die seltsamsten Kreaturen – Einbeinige, Vielarmige, Spitzbäuchige, Kopflose und einige mit riesigen Elefantenohren. Jonas hört sich lachen und Paul drückt seine Hand.

„Hör mal, wie das Clowngespenst da drüben rumhampelt! Ist ja nicht zu fassen!", ruft Paul.

Jonas schüttelt den Kopf. „Clowngespenst? Das hab ich noch nicht getroffen!"

„Oh doch, das kennst du bestimmt!"

Jonas wirft einen neugierigen Blick ins Zimmer. Meint Paul etwa das riesige Schrankungetüm? Dahinten wiegt es sich im Rhythmus des Lichtspielgespenster-Tanzes, wiegt seinen behäbigen Körper mit tiefem, warmem, rumpelndem Lachen hin und her. Als Kopfschmuck trägt es einen zusammengerollten Teppich.

„Gute Nacht!", hört Jonas das Clowngespenst noch in die Menge rülpsen und knarzen, bevor es sich wieder ruhig an die Wand stellt.

Tanja Dückers

ALLES SCHLÄFT

Der Tag war lang,
der Tag war schön,
die Sonne will jetzt schlafen gehen.

Der Abend kommt,
bald ist es Nacht.
Der Silbermond
ist aufgewacht.

Nun wird es still
in jedem Haus
und alle Lichter
gehen aus.

Zwei Tauben schlafen
auf dem Dach.
Frau Eule ist
noch lange wach.

Herr Igel schläft
im Garten und
in seiner Hütte
schläft der Hund.

Es schläft die Maus
im Mauseloch.
Der Kater aber
lauert noch.

Hoch droben schläft
der Wetterhahn.
Beim Bahnhof schläft
die Bimmelbahn.

Es schlafen
Esel, Pferd und Kuh.
Der Bauer schließt
die Stalltür zu.

Schlappohren schlafen
gut versteckt,
dass sie der Rotfuchs
nicht entdeckt.

Und auf der blauen
Märchenwiese,
da schnarchen
König, Zwerg und Riese.

Der Kasper meint:
Ganz ungestört
schläft man doch
auf dem Schaukelpferd.

Jetzt wollen auch
die lieben, braven
Kuscheltiere
endlich schlafen.

Freund Bär
hat schon die Augen zu.
Nun schlaf auch du.

Erich Hölle

QUELLENANGABEN

Dückers, Tanja · Jonas und die Nachtgespenster © 2008 cbj Verlag, München, in der Verlagsgruppe Random House GmbH

Fischer-Hunold, Alexandra · Der mutige Malte © bei der Autorin

Grosche, Erwin · Papa geht ins Bett (in einer vom Autor überarbeiteten Fassung), aus: Ralf Schweikart (Hg.): Ich bin aber noch gar nicht müde. Geschichten für wache Kinder © 2004 by Rowohlt Verlag GmbH, Reinbek bei Hamburg

Hölle, Erich · Alles schläft © Björn Hölle, München

Huppertz, Nikola · Ricki hat's satt! © bei der Autorin

Hartig, Monika · Simon wird Erfinder © bei der Autorin

Kaléko, Mascha · Der Mann im Mond, aus: Mascha Kaléko: Die paar leuchtenden Jahre, © 2003 dtv Verlagsgesellschaft mbH & Co. KG, München

Kohlhagen, Norgard · Lügenlied zum Einschlafen, aus: Ralf Schweikart (Hg.): Ich bin aber noch gar nicht müde. Geschichten für wache Kinder © 2004 by Rowohlt Verlag GmbH, Reinbek bei Hamburg

Korschunow, Irina · Hast du gut geschlafen, Teddybär? © dtv Verlagsgesellschaft mbH & Co. KG, München

Preußler, Otfried · Sechshundertsiebenundachtzig Schafe © Dr. Susanne Preußler-Bitsch, Regen

Roth, Carol · Lämmchen will jetzt schlafen gehen; übersetzt von Jürgen Lassig, illustriert von Valeri Gorbachev © 2004 NordSüd Verlag AG, CH-8005 Zürich

Ruck-Pauquèt, Gina · Der kleine Nachtwächter und die Blumen © bei der Autorin

Schneider, Antonie · Still und leise kommt der Sandmann © bei der Autorin

Schneider, Antonie · Ich kann nicht schlafen, sagt die kleine Maus © bei der Autorin

Schöninger, Elfi · Traum-Gedicht © bei der Autorin

Uebe, Ingrid · Hutella und ihre Tiere © bei der Autorin

Uebe, Ingrid · Zum Einstieg © bei der Autorin

Wißkirchen, Christa · Die Mitternachtsmütze © bei der Autorin

Wir danken den Autorinnen und Autoren sowie den Verlagen für die freundliche Genehmigung zum Abdruck.
Falls es uns nicht gelungen ist, alle Rechteinhaber zu ermitteln, bitten wir diese, sich mit uns in Verbindung zu setzen.